인공지능시대,
그리스도인이 꼭 알아야 할
28가지 질문

세움북스는 기독교 가치관으로 교회와 성도를 건강하게 세우는 바른 책을 만들어 갑니다.

인공지능시대,
그리스도인이 꼭 알아야 할
28가지 질문

초판 1쇄 인쇄 2023년 7월 10일
초판 1쇄 발행 2023년 7월 15일

지은이 | 장보철
펴낸이 | 강인구
펴낸곳 | 세움북스
등 록 | 제2014-000144호
주 소 | 서울시 종로구 대학로 19 한국기독교회관 1010호
전 화 | 02-3144-3500
이메일 | cdgn@daum.net
교 정 | 이윤경
디자인 | 참디자인

ISBN 979-11-91715-84-2 (03230)

인공지능시대,
그리스도인이 꼭 알아야 할
28가지 질문

장보철 지음

세움북스

저자 서문

    원고를 마치고 저자 서문을 쓰고 있는 지금도 거의 매일 같이 챗GPT를 비롯한 인공지능과 관련된 기사의 헤드라인(headline)이 눈에 들어옵니다.

> "챗GPT 시대, 학생들의 생각 멈추게 해."(미디어 오늘)
> "챗GPT 올트먼, 인공지능의 인류 멸절 가능성 대비해야…"(세계일보)
> "동네 슈퍼까지 파고든 인공지능, 외주 끊고 생산성 UP!"(아시아 경제)
> "오픈 AI, 챗GPT 업그레이드 버전 출시!"(AI 타임즈)

    각 헤드라인은 인공지능의 장단점을 여실히 보여주고 있습니다. 이러한 현상들은 그만큼 인공지능이 우리의 삶 전체에 가져올 엄청난 파급력을 반영하고 있다고 할 수 있습니다. 아직 우리 눈앞에 닥치지는 않았지만, 분명한 것은 누구도 인공지능을 피해 갈 수 없다는 사실입니다.

    이미 인공지능시대가 활짝 열리고 있는 지금, 그리스도인으로서 우리에게 필요한 것은 인공지능에 대한 기본적 이해와 그에 기초한 기독교적 리터러시(literacy, 독해 혹은 이해)를 키우는 것입니다. 인공지능을 그저 과학기술의 산물이며 그에 따른 현상들을 이 시대의 문화적 현상으로만 간주해서는 '인공지능'을 제대로 읽어낼 수 없습니다. 인공지능이라고 하는 인간이 만들어낸 엄청난 창조물 뒤에서 움츠러드는 인간 존재의 의미와 가치, 하나님의 창조 질서를 깊이 성찰해야 하는 과제가 모든 그리스도인에게 있는 것입니다.

이 책에는 그러한 저의 성찰이 담겨 있습니다. 이 책에 나오는 28개의 질문들은 필자가 가르치고 있는 학생들이 궁금하게 여기던 것들과 여러 목회자들과의 대화 가운데 나왔던 질문들을 토대로 구성한 것들입니다. 이 책이 비록 그리스도인들이 인공지능에 관하여 알아야 할 모든 것을 다루고 있지는 않지만, 인공지능을 기독교의 시각에서 어떻게 접근해야 할지를 알려주는 나침반 정도의 역할을 할 수 있기를 바랍니다. 아울러 더 유익하고 다양한 내용을 담은 후속 작품들이 동료 신학자와 목회자 그리고 후학들에 의해서 나오기를 간절히 기대합니다.

항상 그랬듯이, 한 권의 책이 나오기까지는 적지 않은 분들의 노력과 수고가 함께 어우러져야 합니다. 먼저, 부족한 원고를 기꺼이 출간하여 주신 세움북스의 강인구 대표님께 깊은 감사를 드립니다. 하나님께서 허락하신 세움북스와의 만남은 저의 남은 학문적 여정과 삶의 여정에 귀한 동반자가 될 것입니다. 바쁜 시간 속에서도 부족한 책을 위하여 귀한 추천사를 써주신 김영한 목사님, 김태희 목사님, 김유신 박사님께도 심심한 사의를 표합니다. 교수 사역에 게으르지 않도록 신선한 도전과 격려를 아끼지 않은 부산장신대학교의 학우들, 특히 클립스 수업으로 적지 않은 아이디어를 주었던 전미리, 신유미, 배동희 학우, 그리고 상담심리치료대학원 학우들에게 고마운 마음을 전하고 싶습니다. 아내 김수진과 아들 장현민은 언제나 저에게 책을 쓸 수 있는 시간과 여력을 주고 있습니다.

하나님께서는 언제나 저의 지식과 지혜의 근원이십니다. 첫 장의 첫 줄을 써 내려가면서 '과연 인공지능이라는 어려운 주제를 누구나 이해할 수 있도록 쉽게 쓸 수 있을까?' 하는 회의가 드는 순간도 있었습니다. 그러나 그때마다 하나님께서는 인내와 용기와 지혜와 명철을 차고도 넘치도록 허락하셨습니다. 하나님, 감사합니다. 하나님, 사랑합니다.

2023년 7월
장보철

저자 서문

추천사

과거에 글을 모르면 '문맹'이라고 했다. 컴퓨터가 나오자 컴퓨터를 잘 사용할 줄 모르면, '컴맹'이라고 불렀다. 이제 인공지능시대에 인공지능을 모르면 '인맹'이라고 불리며, 시대에 뒤처진 사람으로 전락할 것이다. 이미 인공지능을 통해, 영어 교육, 설교, 자기소개서, 심지어 코딩까지 가능한 시대다. 이런 4차 산업혁명 시대에 교회와 성도들이 더 이 시대 흐름을 간파하고, 잘 대처해 나가야 할 것이다.

세상을 변화시킬 성도가 세상의 흐름을 너무나 몰라도 문제일 수 있다. 사실, 이단들은 팟캐스트, 유튜브, 메타버스가 나왔을 때, 이를 선점하였다. 단지 선점하기만 한 것이 아니라 그런 미디어 소통 공간에 상위 메인 자리를 차지했다. 대부분 이단들이 이런 채널을 통해, 주도적으로 자신들의 교리를 주입하고 포교하였다.

그렇다면, 인공지능시대, 정통 교단에서 신앙생활하는 우리는 어떻게 해야 할까? 우선, 인공지능이 무엇인지 제대로 파악해야 할 것이다. 그리고 인공지능의 장단점을 간파해야 "지피지기 백전불태"할 것이다(知彼知己 白戰不殆: 적을 알고 나를 알면 백번 싸워도

위태롭지 않을 것이다). 무엇보다 인공지능을 어떻게 활용할 것인지, 특히 다음 세대를 위해 어떻게 잘 선용할지 고민해야 한다.

이런 시점에 《인공지능시대, 그리스도인이 꼭 알아야 할 28가지 질문》이 출간되어 감사하다. 저자는 인공지능시대 초입에 우리 기독교인들이 궁금해할 질문에 답해 주고, 게다가 우리가 인공지능에 관해 알고 대처해야 할 내용도 자세히 기술해 주고 있다. 이 책을 교회 지도자, 다음 세대 목회자, 다음 세대를 섬기는 섬김이들에게 추천한다. 꼭 일독을 하며 교회가 나아가야 할 방향을 잡기를 소망한다.

▌김영한 목사
품는교회 담임, Next 세대 Ministry 대표

부산장신대학교에서 오랫동안 목회상담학을 가르치시는 장보철 교수님께서 《인공지능시대, 그리스도인이 꼭 알아야 할 28가지 질문》이라는 제목으로 그리스도인들이 인공지능이 무엇인지를 흥미 있게 성찰할 수 있는 탁월한 책을 출판했다. 이 책은 인공지능을 목회적 돌봄이라는 차원에 초점을 두고 있다. "… 인공지능을 그저 과학 기술의 산물이며, 그에 따른 현상들을 이 시대의 문화적 현상으로만 간주해서는 '인공지능'을 제대로 읽어낼 수 없습니다. 인공지능이라는 인간이 만들어낸 엄청난 창조물 뒤에서 움츠러드는 인간 존재의 의미와 가치, 하나님의 창조 질서를 깊이 성찰해야 하는 과제가 모든 그리스도인에게 있는 것입니다. … 이 책은 그러한 저의 성찰이 담겨 있습니다." 저자는 기독교인에게 인공지능이라는 기계를 통하여 인간 본질에 대한 이해가 서서히 바뀌어 감을 알아야 한다고 지적한다. 그리고 인공지능이라는 기계가 없이는 인간 존재를 정의하기가 매우 어렵거나 애매모호한 시대가 오고 있음도 명확히 지적한다.

성경에서 인간 존재의 본질은 피조물의 불완전함 속에서 창조주 하나님의 은혜로 살아가는 존재를 의미한다. 이것은 인공지능시대에서도 굳게 지켜야 할 기독교적인 명제이다. 인공지능이 발달함에 따라 앞으로 인공지능과 인간과의 결합도 다가온다. 여기에서 우리는 과연 인간의 존재 가치는 어디에 있는가를 질문할 수 있다. 저자는 28개의 질문을 던진다. 이들은 단순히 이론적이고 추상적인 질문이 아니라 저자가 가르치고 있는 학생들이 궁금하게 여기던 것들과 여러 목회자들과의 대화 속에서 나왔던 질문들을 토대로 구성한 매우 현장감 있는 질문들이다. 저자는 이러한 복잡한 질문을 다루면서, 답변을 시도하고 토론을 요청한다. 이 책은 탁월한 문제의식을 가지고 접근했고, 문제의 해결을 위한 진지한 노력을 담고 있다. 과학철학, 전자공학과 신학을 공부한 추천자는 이 책을 목회자들, 전도사들 그리고 교사들에게 강력히 추천하며, 인공지능시대가 무엇인지를 기독교 관점에서 고민하는 성도들에게 적극 추천한다.

김유신 박사
부산대학교 전자공학과 명예교수, 한국 한림원 종신회원, 코넬대학교 과학철학 박사

AI가 만든 가상 이미지는 누군가가 가상 이미지라고 알려주지 않으면 도저히 눈치채지 못할 수준이 되었다. 심지어 대학에서는 AI를 사용해서 리포트를 제출하는 학생들이 골칫거리로 떠오르고

있다. 이제 AI는 우리 일상 깊숙이 들어와 있다. AI가 처음 등장했을 때 사람들은 두려움을 가졌다. AI가 사람의 역할을 상당 부분 대체하고, 사람의 일자리를 빼앗아 간다는 두려움을 가졌던 것이다. 하지만 이제는 막연한 두려움보다는 기대의 목소리가 점점 더 커지고 있다. 실제로 AI는 사람을 대체하기보다는 사람의 업무 효율성을 더 높이는 방향으로 진보하고 있다.

이 책《인공지능시대, 그리스도인이 꼭 알아야 할 28가지 질문》은 거부할 수 없는 인공지능시대에, 그리스도인들이 인공지능에 대해 어떤 관점을 가져야 하는지를 설명하기 위해 쓰였다. 저자는 인공지능에 문외한인 사람들과 이공계 지식이 전혀 없는 사람들도 충분히 이해할 수 있을 만큼, 쉽고 체계적으로 인공지능과 그 영향력에 대해 설명하고 있다. 독자들은 이 책을 통해 인공지능의 역할과 그 한계를 깨닫게 될 것이고, 인공지능을 이해하는 성경적인 관점을 가질 수 있을 것이다. 더 나아가 인공지능이 대체할 수 없는 기독교적 가치와 인간 존재의 숭엄함을 발견하게 될 것이다. 인공지능을 알기 원하는 다음 세대에게, 그리고 인공지능의 기능과 역할을 성경적으로 설명하기 원하는 모든 사역자들에게 이 책을 추천한다.

김태희 목사
비전교회 담임, 《성도를 위한 365 통독 주석》 저자

목차

인공지능시대, 그리스도인이 꼭 알아야 할 28가지 질문

인공지능, 기독교적 인간관, 그리고 하나님

그야말로 인공지능을 모르면 마치 더 이상 세상에 적응하며 살아가기 어려운 듯한 분위기가 세상을 들썩이고 있는 것 같습니다. 얼마 전에 고속도로 휴게소에 잠시 들른 적이 있습니다. 그 휴게소는 제가 자주 들러서 화장실도 가고 걷기 운동도 하며, 이런저런 간식도 먹으면서 긴 여정의 피곤함과 지루함을 푸는 곳이었습니다. 평소와 다름없이 커피를 주문하러 간 저는 놀라지 않을 수 없었습니다. 그곳에 분명히 있어야 할 익숙한 커피 매장이 사라져 버린 것입니다. 주문대와 분주하게 움직이던 직원들이 보이지 않았습니다. 그리고 다음과 같은 안내문이 적혀 있었습니다.

> "음료를 주문하실 분들은 옆의 인공지능 카페를 이용해 주시기 바랍니다. 이용에 불편을 드려서 죄송합니다. 감사합니다."

안내문에 적힌 곳을 보니 충격적인 광경이 눈에 들어왔습니다. 다름 아닌 말로만 듣던 인공지능 로봇 바리스타가 흥미로운 기계 몸짓으로 부지런히 커피를 만들고 있는 게 아닙니까! 사람들은 주위를 서성거리며 신기하다는 표정으로 로봇의 동작을 지켜보고 있었습니다.

위에 소개 한 인공지능 로봇 바리스타는 인공지능이 우리의 일상생활 속에 얼마나 가까이 그리고 깊숙이 친밀하게 들어오고 있는지를 보여주는 한 예에 불과합니다. 휴게소에 인공지능 바리스타가 있듯이 은행에는 인공지능 상담원이 있으며, 차 안에는 인공지능 음성인식 비서가, 증권가에는 인공지능 주가 분석원이 있고 많은 기업들은 챗봇(chatbot)을 통하여 고객들과 상호작용을 하고 있습니다. 더 가깝게는 우리 손안과 입고 있는 옷의 주머니와 손에 쥐고 있는 가방 안에 인공지능 스마트폰이 있습니다.

지금까지 나타난 모습을 볼 때 분명한 것은 인공지능이 우리 삶에 매우 편리하고 유용한 도움을 제공하는 테크놀로지라고 하는 사실입니다. 굳이 인공지능을 거부할 필요가 없으며, 그렇게 할 수도 없는 시대가 되어 버린 셈이지요. 인공지능을 활용하지 않으면 미래의 과학기술 혁명은 불가능한 것과 마찬가지인 셈입니다. 한마디로 말하자면 인공지능은 21세기 테크놀로지의 발전이 어디까지 왔고 미래의 테크놀로지가 어떤 속도로, 어느 방향으로 갈 것인지를 보여주는 가장 확실한 시금석(試金石)이라고 할 수 있습니다. 그렇다면 우리는 인공지능이 주는 편리함과 정확성에 감탄하며 그저 즐기기만 하면 되는 것일까요? 인공지능의 끊임없는 발전을 환호하며 박수치고 앉아만 있으면 되는 걸까요? 문제는 그게 그리 간단하지 않다는 데 있습니다. 최근에 인공지능 분야의 전문가들이 GPT-4 이상의 인공지능 시스템 개발을 최소한 6개월 동안 중단하자는 성명서를 내기도 했습니다. 그 사이에 인공지능 윤리와 투명성에 대해 논의하자는 것인데 여기서 GPT-4라고 하는 것은 쉽게 생각해서 요즘 한창 주목을 받고 있는 챗GPT(chatGPT)를 떠올리면 됩니다.

그런데 놀라운 것은 이 제안에 동참한 사람들이 인공지능과 전혀 관계없는 사람들이 아니라 앞에서 말한 것처럼 인공지능 개발 전문가들이 다수 포함되어 있다는 사실입니다. 그중에는 우리에게 익숙한 테슬라(Tesla) 최고경영자 일론 머스크(Elon Musk), 인류학자이자 인공지능에 대한 철학적이고 문화적인 틀을 제공해 온 유발 하라리(Yuval Noah Harari), 인공지능계의 대표적 인물 중 하나인 요슈아 벤지오(Yoshua Bengio) 등이 포함되어 있습니다.

그렇다면 그들이 왜 생뚱맞게 그러한 성명서를 내야만 했을까요? 그것도 이제 막 인공지능이 사람들의 시선을 확 잡아끌고 있고, 겨우 대중화되려고 하는 지금 이 시점에서 말입니다. 여러 가지가 있겠지만 저는 두 가지 이유가 있다고 생각합니다. 먼저, 인공지능 테크놀로지 발전의 속도 때문입니다. 심지어 인공지능을 찬양하고 개발에 몰두했던 그들조차도, 인공지능 테크놀로지가 이토록 빨리 진화하리라고는 생각하지 못했던 겁니다.

그런데 여기서 더 중요한 것이 있습니다. 그것은 그들의 성명서를 가만히 살펴보면 그들은 단지 테크놀로지 발전의 속도뿐만이 아니라, 발전의 방향에 대해서 우려하고 있는 것이 아닐까요? 지금까지 우리는 인공지능을 활용하여 집, 학교, 은행, 회사, 병원 등에서 업무를 처리하는데 놀라울 정도의 높은 효율성을 가져오는 장밋빛 모습에 매료되어 있는 것처럼 보입니다. 즉, 사람과는 비교할 수 없을 정도의 속도로 업무 처리와 판단과 예측이 빠를뿐더러 그 결과물이 높은 정확도를 보인다는 것에 큰 매력을 느끼는 것입니다.

사실, 인공지능 개발자들도 처음에는 그랬을 겁니다. 인공지능이 가져올 이 세상의 변화가 다름 아닌 인류의 역사를 통해서 지금까지 인간이 꿈꾸어 왔던 세상을 그리며 인공지능의 개발에 박차를 가해 온 것입니다. 그런 세상이 오면 인공지능이 인간의 문제를 해결해 주기 때문에 남은 시간을 인간의 행복과 더 나은 세상을 만들기 위해서 할 일이 있을 거라고 생각했을 겁니다. 한마디로 인간을 위한 유토피아가 펼쳐진다는 것입니다. 인공지능이 가져올 인간의 미래에 대해서 매우 낙관적인 입장이라고 할 수 있습니다.

그런데, 막상 인공지능이라는 뚜껑을 열고 보니까 이게 그렇게 만만하지 않은 겁니다. 챗GPT만 해도 놀라운 속도로 많은 양의 지식을 원하는 대로 정리해서 알려주고 있습니다. 반면에 챗GPT가 가져올 오류와 잘못된 정보가 가져올 폐해는 인간의 생존과 직결될 정도의 위기가 될 수 있습니다.

그래서 인공지능의 개발 속도를 늦추고 인공지능의 개발과 활용 방안에 대한 안전 규칙과 윤리적으로 적절하게 규제할 수 있는 법을 만들자고 나선 것입니다. 참으로 아이러니한 일이 아닐 수 없습니다. 인공지능 전문가들조차도 어떤 방향으로 질주할지 모르는 인공지능 기술을 두려워하고 있다네요.

여기서 우리는 인공지능과 인간과의 관계에 대해서 신중하게 살펴볼 필요가 있습니다. 아니, 어쩌면 반드시 생각해 보아야만 하는 뜨거운 감자입니다. 우리가 인공지능에 매료될 수밖에 없는 것은 무엇 때문일까요? 당연히 인공지능이 가진 놀라운 능력 때문이겠죠. 그것도 인간이 지금까지 만들어 냈던 수많은 발명품들: 예를 들면, 전화기, 텔레비전, 자동차, 배, 비행기, 컴퓨터들과는 전혀 다른 차원의 기계가 등장한 셈입니다.

그러면 인공지능과 이전의 발명품들 사이의 가장 뚜렷한 차이가 무엇일까요? 그것은 바로 인공지능이라는 단어에서 힌트를 찾을 수 있습니다. 그렇죠. 인간이 만든 지능인데요. 그냥 인간이 만든 단순한 지능이 아니라 인간을 닮은, 인간을 초월할 수 있는 지능을 가진 기계가 등장한 셈입니다. 인간을 닮은 그리고 인간을 초월한 지능이 무엇을 의미하는지는 본문에서 상세하게 설명하고 있기에 여기서는 인공지능시대에 인간에 대해서 무엇을 생각해 보아야 하는지에 대해서만 언급하고 넘어가도록 하겠습니다. 물론 이 부분에 대해서 궁금한 분들은 뒷부분을 먼저 보셔도 되겠습니다.

인공지능과 인간 존재를 다룰 때 우리는 크게 2가지로 구분해서 탐색할 수 있습니다. 하나는 비기독교적인 인간관이고, 다른 하나는 기독교적인 인간관입니다. 저는 기독교 가정에서 태어났으며 하나님의 부르심을 받은 목사이고 신학대학교에서 목회상담학을 가르치고 있는 현직 교수입니다. 따라서 이 책은 비기독교인이 아니라 기독교인을 대상으로 하며 주로 기독교인들이 이 책을 읽을 것이라고 가정하고 있습니다. 아울러 기독교인이 주요 대상일 뿐만 아니라 이 책에서 던지는 28가지의 질문들을 주로 기독교적인 시각으로 다루고 있습니다. 따라서 저는 인공지능을 기독교적인 인간관에 비추어서 잠시 살펴보려고 합니다.

먼저, 인공지능시대에 가장 심각하게 생각해 보아야 할 이슈로 인간의 존재 그 자체에 대한 질문입니다. "인간은 과연 어떤 존재인가?"라는 질문은 아주 오랜 고대로부터 현대까지 끊임없이 역사 속으로 던져진 주제라고 할 수 있습니다. 인간의 존재에 대한 물음은 신학자들은 물론이고 수많은 철학자, 인문학자, 사회학자, 종교학자들 사이에서 논쟁의 중심에 서 왔습니다. 그 결과 호모 사피엔스(슬기로운 사람), 호모 파베르(도구의 인간), 호모 루덴스(놀이하는 인간) 등의 이름으로 인간 존재의 본질을 다양하게 정의해 왔던 것입니다.

그런데 인공지능시대에 접어들면서 인간 존재의 본질에 대한 논의가 전혀 다른 방향으로 흘러가고 있다는 것을 우리는 매우 주의 깊게 바라볼 수 있어야 합니다. 즉, 적어도 인공지능이 탄생하기 전까지는 인간 존재에 대한 모든 논의에 있어서 핵심은 어디까지나 '인간'이었습니다. 위에서 말한 호모 사피엔스, 호모 파베르, 호모 루덴스 등의 명칭에서 핵심은 바로 '호모' 즉, '인간'입니다. 이것은 당연한 것이라고 할 수 있습니다. 인간을 정의하는데 인간이 주체가 되는 것은 뭐 그리 놀라운 일이 아니지요.

그러나 인간의 본질에 대한 인식의 커다란 변화가 인공지능이라는 기계를 통하여 서서히 이루어지고 있다는 사실을 놓쳐서는 안 됩니다. 그러니까 인공지능 이후의 시대는 인간의 본질을 인간 그 자체에서 찾는 것이 아니라, 기계와 결합된 인간에서 찾고자 한다는 것입니다. 그 기계의 중심에 바로 인공지능이 있는 겁니다. 인공지능이라는 기계가 없이는 인간 존재를 정의하기가 매우 어렵거나 애매모호한 그런 시대가 오고 있는 것입니다.

바로 이런 맥락에서 인공지능시대에 막 접어든 이때, 그리스도인들은 "인간이란 어떤 존재인가?"라는 질문에 더욱 분명하고 자신감 있게 성경적이고 신학적인 대답을 해야 할 소명이 있습니다. 그 이유는 매우 분명합니다. 인간을 닮은 지능을 가진 기계, 그리고 언젠가는 인간을 초월한 초지능을 가지게 될 인공지능은 결국 비기독교적인 인간의 존재론적 위기는 물론이고 교회가 그토록 오랫동안 주장하고 지켜왔었던 인간이란 존재에 대한 성경적이고 기독교적인 의미는 더욱 궁지로 몰리게 될 것이기 때문입니다.

기독교에서는 인간의 존재를 무엇이라고 말하나요? 간단히 말하자면 인간은 하나님의 형상으로 창조된 피조물이지요.

하나님이 자기 형상 곧 하나님의 형상대로 사람을 창조하시되 남자와 여자를 창조하시고 _ 창 1:27

생리적 및 신체적이고 지능적으로 한계를 가진 결코 완전할 수 없는 불완전한 존재이지만, 그러한 피조물의 불완전함 속에서 창조주 하나님의 은혜로 살아가는 존재가 바로 성경에서 말하는 인간 존재의 본질이며, 인공지능시대에도 굳게 지켜야 할 기독교적인 명제입니다.

두 번째는 인간의 존재 가치입니다. 인간은 과연 어떤 존재 인가 하는 질문은 필연적으로 "그렇다면 인간은 왜 존재하는가? 인간이 존재하는 가치는 무엇으로 정해지는가?"의 질문으로 이어집니다. 인공지능시대가 본격적으로 오면 그 이전과는 전혀 다른 차원에서 인간의 가치가 다루어질 것이라고 이미 많은 전문가들은 예견하고 있습니다. 왜냐하면 지금까지 인간이 해왔던 크고 작은 일들을 인공지능이 막힘없이, 오히려 인간보다 훨씬 더 효율적이고 엄청나게 빠른 속도로 매우 정확하게 처리할 것이기 때문입니다. 인간이 만든 기계가 오히려 인간이 설 자리를 없어지게 하는 겁니다.

문제는 그냥 인간이 설 자리가 없어지는 데서 끝나는 것이 아니라 인간이 존재하는 가치에 대한 허무한 자괴감이 들 것이 명약관화(明若觀火)하다는 것입니다. 아무리 쉽고 작은 일이라도 사람이 사람의 몸과 지능을 가지고 직접할 때 그 일의 결과에 관계없이 인간은 그 가치를 인정받아야만 하는 겁니다. 그렇지 않나요? 앞에서 예로 든 인공지능 로봇 바리스타가 이미 인간 바리스타의 자리를 빼앗고 있는 모습을 인간인 우리가 지켜보고 있습니다. 지금은 로봇 바리스타가 스스로 커피를 만드는 모습이 신기하고 귀엽기도 합니다. 그러나 귀엽고 신기한 인공지능 기계가 점점 더 인간의 영역을 대체할 때, 더 이상 그 기계들은 귀엽거나 앙증맞다거나 신기한 존재가 아닐 것입니다. 인공지능을 활용하지 않으면 인간이 할 수 있는 일이 점점 더 사라지게 된다면, 우리 인간의 존재 이유와 가치는 과연 무엇일까요?

어쩌면 인공지능이 대체하지 못하는 인간만이 할 수 있는 고유한 일이 있다고 항변할지도 모릅니다. 그리고 인공지능이 만들어지면서 그와 관련된 일자리가 많아지니 크게 걱정하지 않아도 될 일이라고 치부해 버릴 수도 있을 테지요. 그러나 앞으로 인공지능이 지금보다 훨씬 더 빠른 속도로 개발되면 세상이 어떻게 변할지 아무도 장담하지 못할 것입니다. 알파고(AlphaGo)는 인간 바둑 천재 이세돌 9단을 4승 1패로 압승했습니다. 그런데, 불과 수개월 후에 또 다른 인공지능 바둑 기계 알파고 제로(AlphaGo Zero)가 알파고를 100전 100승, 승률 100%로 완벽하게 제압해 버린 사실을 잊지 말아야 합니다. 그만큼 인공지능의 발전 속도는 심지어 인공지능 개발자도 예측할 수 없을 정도니까요. 더 무서운 것은 더 이상 인간이 통제할 수 없는 데까지 갈 수 있다는 사실입니다.

인공지능시대에 인간의 가치의 하락은 기독교에서 말하는 인간의 가치와는 정반대의 방향으로 흐르고 있는 것 같습니다. 기독교에서는 인간의 가치를 무엇이라고 말하고 있나요? 네, 그렇습니다. 우리 사람은 모두 하나님의 형상을 따라 창조되었지요. 그래서 하나님의 형상을 따라 창조된 모든 인간은 그 존재 자체만 가지고서도 그 가치를 가지는 것입니다. 그리고 인간이 죄를 지었지만, 하나님께서는 그의 독생자 아들이신 예수님을 이 땅에 보내주셔서 십자가에 달려 죽게 하실 만큼 인간들을 끔찍이도 사랑하셨습니다. 인간의 가치는 우리를 영원히 사랑하시는 하나님 안에서만 찾을 수 있는 것입니다.

> 우리가 아직 죄인 되었을 때에 그리스도께서 우리를 위하여 죽으심으로 하나님께서 우리에 대한 자기의 사랑을 확증하셨느니라 _ 롬 5:8

이러한 기독교적인 인간 존재의 가치는 지금의 세속적인 사회가 가지고 있는 인간의 가치에 대한 접근과도 매우 다르지만, 앞으로 인공지능이 대세가 될 미래 사회의 그것과는 더욱 상반될 것입니다. 왜냐하면 인간이 해야 할 많은 영역에서의 일들을 인공지능이 대신할 뿐만이 아니라, 인간의 몸이 아예 기계와 결합되는 방향으로 인공지능 테크놀로지가 발전될 가능성이 크기 때문입니다. 저는 앞으로 이 책에 나오는 다양한 질문들을 통해서 지금까지 언급한 인간에 대한 기독교적인 탐색을 인공지능과 연결해서 구체적으로 고민하고 독자들과 함께 탐색해 보려고 합니다.

본격적으로 인공지능에 관한 질문에 대한 답변을 하기 전에 우리는 인공지능시대가 던지는 가장 강력한 도전, 즉 기독교의 하나님에 대한 인간의 도전에 대해서 주목할 필요가 있습니다. 인공지능이 기독교적인 인간의 본질과 가치에 대해서 그리 밝은 전망을 주지 못한다는 것을 앞에서 말씀드렸습니다. 그러한 비기독교적인 인간관은 궁극적으로 인간을 창조한 하나님에 대한 도전이라고 할 수 있습니다.

"기독교가 믿는 하나님" 하면 가장 먼저 떠오르는 것이 바로 창조주입니다. 인간은 물론이고 이 세상 모든 것을 만드신 분입니다. 기독교에서 창조주 하나님을 빼면 남는 게 없을 정도입니다. 왜냐하면 '창조'는 하나님의 속성을 드러내는 가장 근본적인 특성이며, '창조' 안에 하나님의 사랑과 은혜라는 속성이 포함되어 있기 때문입니다. 하나님께서는 이 세상을 사랑하셨기 때문에 어둠과 혼돈에서 빛과 질서를 만드셨으며, 아무것도 없던 공간에 하늘과 땅과 동식물과 인간을 창조하신 것입니다. 또한 다른 무엇보다도 인간을 사랑하셨기 때문에 인간으로 하여금 다른 모든 피조물들을 다스릴 수 있는 은혜를 허락하셨습니다.

뒤에서 좀 더 자세하게 다루겠지만, 인간은 인공지능을 통하여 하나님께 도전장을 내민 셈입니다. 너무도 유한한 존재인 인간은 자신들이 스스로 할 수 없고 정복할 수 없는 '창조'라는 신(神)의 영역에 현대의 과학과 테크놀로지를 가지고 덤벼든 것입니다. 그 중심에 서 있는 것이 다름 아닌 인공지능입니다. 하나님께서 자신의 형상을 닮은 인간을 창조하셔서 천사보다 약간 못하지만 놀라운 능력을 주신 것처럼, 인간은 자신의 지능을 닮은 인공지능을 만든 것입니다. 그리고 곧 인간의 지능뿐만이 아니라 인간의 형상을 닮은 그럴싸한 로봇 인간이 탄생할 것입니다.

바로 이 점이 기독교가 인공지능을 마냥 환영해서는 안 되는 분명한 이유입니다. 그런데 하나님과 인간의 창조 과정에서 극명하게 다른 것이 있습니다. 하나님께서 만드신 인간은 결코 하나님의 능력을 초월하지 못하지만, 인간이 만든 인공지능은 인간을 훨씬 능가할 거라는 사실입니다. 인공지능 초기 주창자와 개발자들이 전혀 계산하지 못한 거죠. 인공지능 개발을 멈출 수 없어 보이는 지금에 와서야 서서히 위기의식을 느끼기 시작한 겁니다. 그러나 안타깝게도 이미 판도라의 상자 뚜껑은 열리기 시작했으니 다시 닫기는 어려울 듯 싶습니다.

이제 인공지능에 대해서 그리스도인들이 궁금해하는 다양한 질문들에 대한 답을 찾아가려고 합니다. 어쩌면 제가 찾은 답이 정답이 아닐 수도 있을 것입니다. 그럼에도 불구하고 이러한 시도가 한국 교회와 그리스도인으로 하여금 인공지능이 시도하는 은밀한 반(反)기독교적인 메시지를 볼 수 있는 영적이고 신앙적인 눈을 가지는 데 도움이 되기를 간절히 기도합니다.

> 이는 그들이 하나님의 진리를 거짓 것으로 바꾸어 피조물을 조물주보다 더 경배하고 섬김이라 주는 곧 영원히 찬송할 이시로다 아멘 _ 롬 1:25

PART 1

꼭 알아야 할
7가지
기본 질문들

Q. 1

요즘 인공지능 챗GPT가
많은 사람들의 관심을 불러
일으키고 있는 것 같습니다.

그런데 솔직히,
인공지능에 특별한 관심이 있거나
관련 직업을 가진 사람들이 아니면
인공지능에 대해 잘 모르는 것 같아요.

예전에 '알파고'라는 인공지능이
당시 세계 바둑 1위인
이세돌 9단에게 압승했다는
소식을 들었는데, 그것도
바둑을 좋아하는 사람만 알지
일반인들은 잘 모르는 것 같아요.

도대체 **인공지능이란 무엇인가요?**

Q.1 인공지능이란 무엇인가?

네. 좋은 질문이에요. 사실 신문, 텔레비전, 인터넷 등에서 아무리 인공지능에 대한 이야기들이 나와도 일반인들에게는 여전히 생소한 단어입니다. 단순히 인공지능시대가 열렸다느니, 인공지능 기술을 활용한 챗GPT가 우리의 삶을 상당 부분 바꿀 수 있다는 말을 들을 뿐, 그러한 것들이 무엇인지 좀 더 자세히 알 수 있는 기회가 그리 많지 않지요.

자, 그럼 인공지능이 무엇인지 간략하게 알아보려고 합니다. 인공지능은 말 그대로 '인공'과 '지능'이 더해져서 생긴 신조어입니다. 한국말이 먼저 생긴 것이 아니라, 영어의 인공을 뜻하는 'artificial'이라는 단어와 지능을 의미하는 'intelligence'를 합성한 'artificial intelligence'를 우리말로 번역한 거랍니다. 그러니까 인공지능이라는 용어는 우리나라가 아니라 인공지능 기술을 선도하는 미국에서 가장 먼저 생겨난 것입니다. 보통 두 개의 영어 단어 앞 글자를 따서 'AI'라고 부릅니다. 인공지능(AI)이라는 용어가 처음 등장한 것은 1956년 미국 다트머스 대학교의 존 매카시(John McCarthy) 교수가 개최한 '다트머스 회의'(Dartmouth Conference)에서라고 합니다.

인공지능이라는 용어에서 우리는 인공지능이 무엇을 하려는 것인지 몇 가지로 유추해낼 수 있습니다. 첫째, 단어에서도 알 수 있듯이 사람이 만든 지능입니다. 둘째, 그냥 지능이 아니라 사람을 닮은 지능이라는 것을 알아 둘 필요가 있습니다. 그러니까 인공지능 개발자들이 하려고 하는 것은 사람의 지능과 유사한 기능을 할 수 있는 기계를 만드는 것이지요. 그럼 사람을 닮은 지능을 가진 기계가 무엇을 의미할까요? 그렇습니다. 사람처럼 생각하고 판단하며, 인지하고 지적인 작업을 할 수 있는 기계를 말하는 것입니다. 고대에서 현대에 이르기까지 인간이 만든 모든 기계는 인간과 같은 지능을 가지지는 못했습니다. 인간처럼 생각하고 판단하고 인지하고 추론할 수 있는 능력을 가진 기계가 출현할 것이라고는 정말 소수의 과학기술자들을 제외하고는 상상조차 할 수 없었던 일입니다. 그저 공상 과학 영화에서나 등장하곤 했던 소재였지요.

그런데 21세기 들어와서 엄청난 속도로 개발되면서 이제는 우리 곁에 바짝 다가오고 있습니다. 인간과 유사한 사고 능력을 갖춘 인공지능을 이용한 테크놀로지는 우리 주위에서 얼마든지 찾아볼 수 있습니다. 예를 들어 볼까요. 혹시 사용하는 스마트폰이 애플인 분들은 스마트폰에 대고 "시리(Siri)야, 내 친구에게 전화 걸어줘!"라고 불러보세요. 그럼 시리가 여러분의 음성을 인식하여 전화를 걸어줍니다. 바로 이 시리가 인공지능 기술을 활용한 스마트폰 개인 비서입니다.

컴퓨터가 옆에 있으면 한 번 켜 보세요. 여러분이 자주 가는 사이트에 접촉하다보면 스크린 하단에 챗봇(chatbot)이 등장하는 걸 볼 수 있지요. 챗봇이 "방문을 환영합니다. 불편한 점이 무엇인가요?"라고 말하는 경우가 있습니다. 인간 상담원 대신에 인공지능 챗봇이 실시간으로 질문과 대답을 하는 거지요. 이뿐만이 아닙니다. 아직 본격적으로 시행되지는 않았지만 요즘 한창 자동차업계를 떠들썩하게 만들고 있는 자율주행차 역시 인공지능 기술이 없이는 실현 불가능한 프로젝트라고 할 수 있답니다.

그럼 인간의 지능을 닮은 인공지능이 인간처럼 인간의 말을 이해하고 분석하고 추론하고 반응하기 위해서는 무엇이 필요할까요? 먼저 인간이 사용하는 말을 컴퓨터가 이해해야 하겠죠? 우리가 일상생활 속에서 사용하는 말을 전문 용어로 '자연어'(natural language)라고 부릅니다. 예를 들면, 아침에 일어나 햇살이 적당히 비추면서 공기가 좋으면 "오늘 날씨가 참 좋네요"라고 말하거나, "좋은 아침이에요!"라고 말하는데 이 모든 말들이 자연어입니다.

만일 인간이 사용하는 언어와 그 언어의 변화와 구조 등을 이해하지 못한다면 당연히 인공지능이라고 할 수 없습니다. 예를 들면, 챗봇에게 "오늘 산 노트북 컴퓨터가 제대로 작동하지 않네요. 문제가 무엇일까요?"라고 묻는다면 당연히 챗봇은 그 질문을 이해해야 답을 할 수 있습니다. 사람의 질문을 이해하지 못하면 계속해서 대화가 이루어지지 않겠죠.

챗봇이 인간이 사용하는 자연어를 스스로의 지능으로 이해하고 인지하는 과정을 자연어 처리 과정(natural language process)이라고 합니다. 즉, 인공지능이 인간이 사용하는 언어의 복잡한 구조와 의미의 변화를 이해하는 과정인 셈이에요. 이러한 자연어 처리를 한 챗봇은 이렇게 답을 하겠죠. "아, 네. 컴퓨터가 제대로 작동하지 않는다구요? 구체적으로 무엇이 안 되는지 알려주시겠습니까?" 이런 대화가 인간과 인간 사이가 아니라 인간과 인공지능 챗봇 사이에서 가능하다는 것이 놀랍지 않나요?

또한 인간의 자연어를 인간 수준에서 스스로 처리하는 인공지능의 지적 능력과 관련해서 우리는 두 가지 러닝(학습) 방식에 대해서 알 필요가 있는데 그것이 바로 머신러닝(machine learning)과 딥러닝(deep learning)이라고 하는 것입니다. 전문적인 용어라서 어렵게 느껴지지만 찬찬히 보면 그렇게 어려운 개념은 아닙니다. 여기서는 두 가지 러닝 과정을 자세하게 다루기보다 독자들이 인공지능이 무엇인지를 잘 이해할 수 있도록 돕기 위한 차원에서 간략하게 살펴보도록 하겠습니다.

먼저 머신러닝에 대해서 말하면, 머신러닝은 말 그대로 기계 학습입니다. 즉, 입력된 데이터를 분석하여 해당 데이터를 통해 학습한 후에, 어떠한 정보에 대한 결정을 내릴 때에 학습한 내용을 적용하는 것이라고 할 수 있습니다. 물론 사람이 일일이 명시하지 않은 동작도 학습하고 실행하기도 합니다.

한편, 딥러닝은 머신러닝이 진화된 형태라고 보면 되겠습니다. 딥러닝은 생물학적인 인간 두뇌의 신경망을 모방한 인공신경망이라는 구조를 사용합니다. 즉, 딥러닝 모델을 사용하는 기계는 자체적으로 두뇌가 있는 것처럼 사람이 학습할 데이터를 제공하지 않아도 스스로 상황을 이해하고 분석하며, 예측하고 처리할 수 있는 것입니다.

그렇다면 인공지능은 어디에 해당되는 걸까요? 정리하자면 인공지능은 바로 머신러닝과 딥러닝을 모두 포함하는 개념으로 이해하면 됩니다. 인공지능은 위에서 설명한 인간의 자연어 처리를 거의 완벽하게 인간처럼 구사하고 이해하며, 머신러닝과 딥러닝을 하면서 인간의 뇌가 하는 기능과 동일한, 때로는 능가하는 능력을 갖게 되는 것입니다.

소그룹 나누기 활동

❶ 질문에 대한 대답을 읽고 배우고 느낀 점을 함께 나누어 보세요. 이해가 안 되거나 궁금한 것이 있으면 서로 도와주세요.

❷ 우리들의 일상에서 인공지능을 활용한 제품이나 기계로 무엇이 있는지 살펴보세요.

❸ 함께 기도 제목을 나누며 기도합시다.

Q. 2

요즘 인공지능 서빙 로봇,
인공지능 로봇 청소기,
인공지능 로봇 바리스타 등
인공지능을 활용한 기계들을
주위에서 자주 보게 돼요.

무척 신기하고
재미도 있고
생활에 편리함을 주는 것 같은데,

**인공지능이
인간에게 미치는 부정적인 측면은
무엇이 있을까요?**

Q.2 인공지능이 인간에게 미치는
부정적인 측면은?

맞습니다. 위의 질문처럼 인공지능이 인간들의 삶에 편리함과 안락함만을 주는 것이 아니라, 부정적인 측면도 만만치 않게 있습니다. 예를 들면, 인공지능 서빙 로봇이나 인공지능 로봇 바리스타, 또는 인공지능 고객상담사 등이 인간에게 어려움을 야기할 수도 있습니다. 저는 그 이유를 크게 두 가지로 들고 싶습니다. 첫째, 인간이 해야 할 일을 인공지능 로봇이 대신하기 때문에 인공지능 로봇 입장에서는 본의 아니게 인간의 일자리를 빼앗아 버린 셈이 됩니다. 이것은 인간에게는 상당한 위험 요소가 될 수 있습니다. 미국의 경우, 이미 인공지능으로 인해 고학력 화이트 칼라 노동

력에 대한 수요가 현저히 떨어지고 있다고 난리입니다. 미국의 대형 투자은행인 골드만삭스(Goldman Sachs)는 앞으로 전세계 일자리의 18%가 생성형 인공지능으로 대체될 수도 있다고 발표한 바 있습니다.

웨이터나 웨이트리스, 커피 바리스타, 고객상담사 등 이러한 직종들은 아주 특별한 전문적인 지식이나 학위가 없어도 보통 사람들이 열심히 훈련받으면 할 수 있는 일입니다. 그러니까 성실하게 살아가려는 보통 사람들이 자신의 생계를 그다지 어렵지 않게 이어갈 수 있는 수단이 되었던 것이지요. 그런데 어느 날 로봇이 등장하더니만 아주 야금야금 자신들의 일자리를 빼앗아 가 버린 현실을 마주하게 되어 버린 겁니다.

인공지능 로봇이 인간에게 미치는 두 번째 부정적인 측면은 인간의 일자리를 대신 채우고 있을 뿐만 아니라, 인간으로 하여금 그러한 기능을 더 이상 제대로 하지 못하도록 한다는 데 있습니다. 많은 사람들은 기계나 로봇이 우리의 일자리를 빼앗을 것이라는 사실에 보다 관심의 촉각을 세우고 있는 것 같습니다. 그래서 인공지능이 빠른 속도로 대체할 직종 탑 20이나, 아무리 인공지능시대라고 하더라도 대체 불가한 직종 탑 20 등의 순위를 매기고 있지 않습니까?

저는 그러한 순위 매기기는 인공지능시대의 인간이 처하게 될 문제의 본질이 아니라고 생각합니다. 물론 그러한 정보가 필요하기는 합니다. 그래서 인간으로 하여금 인공지능과 경쟁이 되지 않는 직업을 선택하지 말고, 그들과 경쟁해서 이길 가능성이 큰 직업군을 선택해서 그에 맞는 실력을 갖추라고 조언하는 거겠죠. 이른바 다가올 인공지능시대에 인간의 생존전략이라는 웃픈 현실 아닙니까.

그런데 중요한 것은 인공지능이 인간의 역할과 기능을 대체한다면, 적어도 그 영역만큼은 인간이 더 이상 할 수 없는 시대가 될 것이라는 점입니다. 예를 들면 이런 겁니다. 지금 집에 있다면 잠시 밖으로 나가서 집 근처 커피숍에 들어가 보십시오. 아주 많은 커피숍에 이런 문구가 적혀 있습니다. "한국 바리스타 대회에서 우승한 진정한 커피 맛집" 혹은 "세계 바리스타 대회 입상자가 직접 커피 내립니다." 등등. 바리스타 대회에서 상을 몇 개나 주는지는 몰라도 아무튼 많은 커피숍은 바리스타가 직접 엄선한 원두로 손수 내리는 커피를 광고하고 돈을 더 받습니다.

그런데 이제 이런 광고가 어쩌면 곧 사라질 가능성이 큽니다. 왜냐고요? 인공지능 바리스타 때문이죠. 물론 당장에 모든 커피숍에서 인공지능 바리스타가 인간 바리스타를 대체하지는 않을 겁니다. 그러나 일단 인공지능 바리스타가 휴게소 커피숍에 서서히 등장하고 있다는 것은 동네 커피숍에서도 인공지능 로봇 바리스타를 만날 날이 그리 멀지 않았다는 생각을 하게 됩니다. 커피숍 주인은 인간이지만 커피를 내리는 바리스타는 인공지능 로봇인 셈이지요. 그럼 점차로 우리 인간은 맛있는 커피를 내리는 방법을 잊어버릴지 모릅니다.

고객상담사도 크게 다르지 않을 겁니다. 챗봇에 익숙해지면 사람들은 누군가의 고민을 들어주는 것이 매우 생소하고 낯선 일이 되지 않을까요? 자율주행차는 어떤가요? 인공지능이 원하는 목적지까지 가장 빠른 길로 안전하게 데려가 준다면 아마도 많은 사람들은 굳이 힘들게 직접 운전하려고 하지 않을 겁니다. 지금처럼 운전면허증을 따려는 사람들로 붐비지도 않겠죠. 일부 운전광들만 운전이 가능한 시대가 될 수도 있습니다.

지금까지 말씀한 것이 좀 허황되게 들릴지도 모릅니다. 그러나 청소나 음식 서빙에서부터 작곡이나 작사, 시나 소설 쓰기, 그림 그리기 등과 같은 훨씬 더 정교한 일까지도 인공지능은 하고 있습니다. 생각보다 훨씬 빠른 시간 안에 지금보다 훨씬 더 많은 직종의 일과 기능을 인공지능이 하게 될 것은 불보듯 뻔한 일이 아닐까요? 비록 인공지능이 우리에게 편리함과 안락함과 휴식을 줄 수 있지만, 결국 그러한 달콤한 것들이 독으로 작용할 가능성이 크다고 생각합니다.

그런데 사실은 인공지능 개발자나 전문가들이 인공지능이 인류에게 커다란 위협이 될 수 있다고 두려워하는 것은 지금까지 이야기한 이유에서가 아닙니다. 위에서 살펴본 것은 단지 사람들이 하는 일들을 인공지능이 대신해 주는 정도 입니다. 물론 앞에서 살펴보았듯이 그 정도만으로도 우리의 생존에 충격을 가하기는 하지만, 인류의 생존까지 위협할 정도는 아닙니다. 다음 질문에서 인공지능이 가져올 미래가 인류에게 매우 커다란 위협이 될 수 있는 이유에 대해서 살펴보도록 하겠습니다.

소그룹 나누기 활동

❶ 질문에 대한 대답을 읽고 배우고 느낀 점을 함께 나누어 보세요. 이해가 안 되거나 궁금한 것이 있으면 서로 도와주세요.

❷ 인공지능이 지금 우리가 사는 풍경을 많이 바꿀 수 있을 것 같습니다. 각자의 생각과 느낌에 대해서 이야기 나누어 보세요.

❸ 함께 기도 제목을 나누며 기도합시다.

많은 사람들이
**인공지능에 대해
큰 염려와 위협을
느끼는 이유는 뭘까요?**

단지 인간의 직업을
대신할 수 있다는 것 때문일까요?

아니면
다른 이유가 있는 건가요?

Q.3 인공지능에 대해
큰 염려와 위협을 느끼는 이유는?

식당에서 인공지능 서빙 로봇이 우리가 주문한 음식을 가져온다고 심각한 위협을 느끼는 사람들은 없을 겁니다. 인공지능 로봇 청소기가 청소할 때 집안을 파괴하지는 않을까 전전긍긍하지도 않지요. 마찬가지로 인공지능 로봇 바리스타가 분주하게 커피를 만드는 모습을 보면서 저 로봇이 인류에게 매우 위험하다고 진지하게 생각하는 사람들은 아마도 거의 없을 것입니다. 그냥 단순하게 인간이 할 수 있는 일을 인공지능이 하기에 약간의 불편함을 느끼거나 조금 더 신경을 쓴다면 자신의 직업이 사라지지 않을까 하는 염려 정도는 할 수 있겠죠.

여기서 우리는 두 가지 유형의 인공지능에 대해서 이해할 필요가 있습니다. 바로 약한 인공지능과 강한 인공지능이라는 것입니다. 이 두 가지 인공지능에 대해서 살펴보면 인공지능 개발자와 전문가들이 무엇 때문에 GPT-4 이후의 개발을 늦춰야 한다고 성명서까지 내야 했는지 그 이유에 대해서 조금은 알 수 있을 겁니다.

　'약한 인공지능'(Weak AI)은 보다 한정된 영역에서 프로그램화된 알고리즘에 따라서 인간의 지적 행동을 모방하는 데 중점을 두는 인공지능을 말합니다. 예를 들면, 질문 2에서 나오는 인공지능 서빙 로봇이나 인공지능 상담사, 그리고 인공지능 바리스타 등은 모두 약한 인공지능이라고 할 수 있습니다. 이러한 것들은 인간에 의해서 생각과 행동이 이미 프로그램화 되어 있어서 그에 따라서 인간이 하는 행동을 모방할 뿐 그 이상의 기능은 하지 못하는 것입니다. 인공지능 서빙 로봇의 경우, 정해진 규칙에 의해서 인간처럼 음식을 어디로 가져다주어야 하는지를 알고, 이해하고, 반응하고, 행동에 옮기는 것이지요.

　인공지능 바리스타도 마찬가지겠죠. 스스로 어떤 생각을 하고 결정을 내려서 커피를 만드는 것이 아니라, 이미 잘 짜여진 여러 절차를 따라서 작동하는 것일 뿐입니다. 그러므로 약한 인공지능의 경우에는 인간이 문제 해결 절차나 방법이나 기초 데이터와 규칙을 입력해야 합니다. 결국 사람의 지능적 행동을 흉내내는 데 그치는 거지요. 현재 대부분의 인공지능은 이 수준으로 개발되고 있는 겁니다.

반면에 '강한 인공지능'(Strong AI)은 약한 인공지능과는 매우 다릅니다. 미리 짜여진 알고리즘을 벗어나 자율적으로 지능을 발휘할 수 있는 인간과 매우 유사한 사고 기계라는 것입니다. 그러니까 강한 인공지능은 단순히 기계가 아니라, 인간처럼 지능을 가지고 사고하고 판단하고 행동할 수 있는 기계입니다. 심지어 자신에게 불합리하거나 적절하지 않다고 판단되면 인간의 명령에 거부할 수도 있답니다. 인간처럼 자기만의 자아를 가지고 있는 셈이라고나 할까요.

독자들의 이해를 돕기 위해서 강한 인공지능에 대한 쉬운 사례들을 영화에서 볼 수 있습니다. 예를 들면, 인류를 지배하려는 인공지능 스카이넷이 등장하는 영화 〈터미네이터〉(1988), 인간과 인공지능과의 로맨스를 그린 영화 〈그녀〉(Her)(2013), 인공지능 기업의 암투를 그린 영화 〈엑스 마키나〉(2015) 등이 있습니다. 이 영화들을 보면 이미 오래전부터 강한 인공지능에 대한 인간의 과학적 상상력이 동원된 것을 알 수 있는데 당시의 상상력에서 나왔던 모습들이 이제는 과학기술의 혁명과도 같은 발전으로 현실에서 볼 수 있다는 것입니다.

강한 인공지능의 특징을 정리하자면, 인간과 대등하거나 인간을 뛰어넘는 지적 수준, 그리고 자율성입니다. 바로 이 두 가지 특징 때문에 인공지능이 인류에게 엄청난 위협이 되며, 일부에서는 재앙이라는 극단적 표현까지 사용하고 있는 것입니다.

상상해 보세요. 여기에 인공지능 간호사가 있습니다. 인간이 그에게 병에 걸린 어린아이를 잘 돌보라고 지시를 내리고 행동 절차를 알려줍니다. 처음에는 인공지능 간호사가 인간이 내린 지침에 따라서 아이를 간호합니다. 그러다가 문득, 이 아이가 다시 건강해지기 힘들 것이라는 판단을 스스로 하게 됩니다. 사실 인공지능 간호사에게 업무를 맡긴 인간은 전혀 이 순간을 예측하지 않았을 겁니다. 그렇지만 어떤 자료와 경험을 근거로 그랬는지는 모르지만, 인공지능 간호사는 그런 결정을 하게 되는 거죠. 충분히 발생 가능한 상황입니다.

자, 이제 인공지능 간호사가 어떻게 할까요? 인공지능 간호사는 그만 그 아이를 죽이고 맙니다. 아파서 힘들어할 바에야 차라리 죽는 게 더 낫다는 결정을 내리고 아무런 거리낌도 없이 행동에 옮기게 되는 거지요.

인공지능 간호사에게 지시를 내린 인간이 범한 실수는 바로 인공지능에게는 살인이 생명을 가진 인간에게 무엇을 의미하는 것이며, 그 가족들에게 미칠 영향을 고려할만한 가족과 사회윤리적인 차원의 인지능력이 결여되어 있다는 사실을 잊어버린 것입니다. 이 사례는 강한 인공지능이 인류에게 미칠 수 있는 예상 가능한 심각한 위험의 한 예에 불과합니다. 이보다 훨씬 더 강력한 재앙을 가져올 수 있다는 거지요.

얼마 전에 인공지능 개발의 선구자라고 할 수 있는 제프리 힌턴(Geoffrey Hinton) 박사가 10년 동안 몸담아 연구했던 구글(Google)을 떠나면서 남긴 말은 매우 의미심장한 말입니다. 그는 자유롭게 인공지능에 대한 부작용을 지적하고 싶었으며 인공지능 연구에 대한 국제적인 규제가 도입되어야 한다고 강조했습니다. 심지어 그는 인공지능 기술을 활용한 킬러 로봇이 나올 수도 있다고 말하기도 했습니다. 지금과 같은 속도와 방향으로 인공지능 개발이 이루어지면 인공지능이 인류에게 돌이킬 수 없는 위험이 될 것을 그는 분명히 알고 있는 것입니다.

어떤가요? 약한 인공지능은 강한 인공지능에 비하면 애교 수준이지 않나요? 약한 인공지능 정도는 비록 그들이 인간의 일자리를 빼앗아 가겠지만 인류의 생존에 위협을 가할 정도는 아니겠지요. 어느 정도의 적절한 규제와 인공지능시대에 맞는 인간의 일자리도 생겨나면 그 정도의 변화는 수용 가능할지도 모릅니다. 반면에 강한 인공지능이 가져올 그 파괴적인 파급 효과는 예측하기가 힘듭니다.

그렇다면 정말로 인공지능 서빙 로봇이나 인공지능 상담사 정도를 뛰어넘어 인간의 지능을 닮은, 인간의 지능을 뛰어넘는 그런 강한 인공지능의 탄생이 가능할까요? 다음 질문으로 넘어가겠습니다.

소그룹 나누기 활동

❶ 질문에 대한 대답을 읽고 배우고 느낀 점을 함께 나누어 보세요. 이해가 안 되거나 궁금한 것이 있으면 서로 도와주세요.

❷ 만일 가까운 미래에 강한 인공지능이 출현한다면, 강한 인공지능이 가져올 미래의 모습에 대해서 서로 이야기 나누어 보세요.

❸ 함께 기도 제목을 나누며 기도합시다.

Q. 4

지금처럼
단순한 로봇 형태가 아니라,

인간의 모양을 하고
인간처럼 감정을 느끼는
**인공지능 로봇이 정말로
만들어질 수 있을까요?**

인간의 지능을 뛰어넘는
강한 인공지능이
실제로 만들어질 수 있다면
언제쯤 실현 가능할까요?

Q.4 강한 인공지능 로봇이
정말로 만들어질 수 있을까?

위의 질문은 인공지능과 인간의 미래에 대해서 조금이라도 관심이 있는 사람이라면 자연스럽게 생각할 수 있는, 아니 당연히 던져야 할 질문입니다. 그만큼 인공지능은 지금까지 인류가 경험했던 그 어떤 발명품보다 우리들의 삶 자체를 뒤흔들 수 있는 핵폭탄급의 영향력을 가질 수 있기 때문입니다.

"과연 인간을 닮은 지능뿐만이 아니라 인간의 외모와 유사한 인공지능 로봇이 탄생할 것인가? 인공지능 로봇이 인간처럼 슬픔, 분노, 좌절, 애정, 사랑, 행복과 같은 감정 혹은 정서를 느낄 수 있는가? 더 나아가 인공지능이 주체적으로 사고하고 판단하여 인간이 통제하기 어

인공지능시대, 그리스도인이 꼭 알아야 할 28가지 질문

아마도 많은 사람들은 이에 대해서 상당히 회의적일 것입니다. 아무리 과학기술이 발달해도 로봇이 인간과 같은 외모와 감정은 절대로 가질 수 없을 거라고 말이죠. 게다가 자기를 창조한 인간의 명령을 스스로 거부하고 인간의 지능 이상의 기능을 발휘하는 마치 초인간과 같은 그런 인공지능의 존재는 정말이지 아주 먼 미래에나 가능할 거라고 믿고 싶어 합니다. 어쩌면 영원히 그런 날은 오지 않았으면 하고 바랄지도 모릅니다.

사실 인공지능 연구자들 사이에서도 회의론과 낙관론이 교차합니다. 그럼에도 불구하고 오래전부터 일부 인공지능 개발자와 전문가들은 2050년쯤이면 그러한 인공지능이 만들어질 수 있을 것이라고 전망해 왔습니다. 그들은 그 시기를 '특이점'(singularity)이라고 부릅니다. 대표적인 인물로 미래학자 레이 커즈와일(Ray Kurzweil)을 들 수 있는데 그는 이미 2005년 자신의 저서인 〈특이점이 온다〉에서 나노기술, 인지공학, 로봇학, 인공지능 등의 혁명적인 테크놀로지의 발달로 2045년 정도 되면 특이점이 올 것으로 예측했습니다.

또한 한스 모라벡(Hans Moravec)이라는 유명한 인공지능 개발자가 있습니다. 그는 미국에서 로봇과 인공지능 분야에서 선두를 달리고 있는 카네기 멜론 대학에서 로봇공학과 인공지능 겸임교수이기도 합니다. 모라벡은 2040년쯤 되면 지금보다 훨씬 더 일은 잘하면서 비용은 저렴한 로봇이 매우 중요한 역할에서조차도 인간을 대체할 것이며, 인간의 존재를 밀어낼 수 있을 것이라고 전망한 바 있습니다.

특이점이 온다느니 로봇이 인간의 존재를 밀어낸다느니 하는 말들을 들으면 소름이 오싹 돋습니다. 그들의 정신세계가 궁금해지기도 합니다. 그러면서도 애써 그런 말들을 무시하고 싶어집니다. 그런데 한 번 생각해 보시기 바랍니다. 우리에게 익숙한 인간의 모양을 한 인공지능을 다룬 영화들이 이미 20여 년 전부터 꾸준히 나오기 시작했다는 것입니다. 예를 들면 〈아이, 로봇〉은 2004년, 〈그녀〉는 2013년, 〈트랜센던스〉는 2014년, 〈엑스 마키나〉는 2015년에 각각 제작되었습니다. 물론 2000년대 이전에 나왔던 작품들은 제외하고도 말입니다. 저는 이러한 영화들이 지속적으로 나오고 있는 것이 결코 우연이 아니라고 생각합니다. 자동차, 비행기, CCTV, 컴퓨터, 스마트폰도 마찬가지 아닐까요. 이러한 것들이 인류의 역사에 등장하거나 개인의 손에 쥐어지기 전에, 소설이나 시 등에 '미래의 모습'이라는 이름으로 등장하곤 했었습니다. 그러나 당시 사람들은 실제로 그러한 것들이 만들어지리라고는 거의 아무도 믿지 않았습니다. 그런데 어떤 일이 벌어졌나요? 그러한 기계들이 속속들이 현실 세계에 등장했고 우리들은 즐기고 있는 중입니다.

인공지능과 관련된 영화도 그렇지 않을까요? 그러한 영화를 만드는 사람들이 그냥 우연히 재미로 돈을 벌기 위한 목적으로만 만들지는 않았을 거라고 생각합니다. 영화 작품 안에는 그들이 믿는 가치 체계와 철학이 담겨 있습니다. 이미 인공지능 개발자들과 미래학자들, 그리고 그들의 사고와 철학체계에 영향을 받은 사회의 다양한 분야의 리더들은 소위 말하는 '특이점'이 오고야 말 것이라는 사실을 알고 있을 겁니다. 다만 문제는 그 시기가 언제이고 그 전에 우리가 인공지능시대에 생존을 위해 어떻게 대처하느냐의 문제가 남을 뿐이죠.

강한 인공지능에 대한 이야기를 하면서, 우리가 주목해야 할 것은 그 시기가 엄청난 속도로 빨라지고 있다는 겁니다. 제가 이 글을 쓰기 위해서 읽었던 논문이나 책이 불과 15년 전쯤 나온 것들입니다. 대다수의 저자들이 우리가 쉽게 예상할 수 있는 것처럼, 강한 인공지능이 가까운 미래에 출현할 것이라고는 거의 말하지 않고 있었습니다. 아직 현재의 인공지능 개발 기술 수준이 많이 못 미친다는 거지요. 하지만 지금 인공지능의 발전 속도는 10년이 아니라, 심지어 5년 전에 많은 전문가들이 진단했던 예측조차도 빗나가고 있습니다.

예를 들어 볼까요. 서울 한복판이 아니라 경상북도 한 시골 휴게소에서 인공지능 로봇이 커피를 만드는 모습을 2020년대 초에 볼 수 있으리라고는 아무도 생각하지 않았을 겁니다. 우리에게 익숙한 알파고는 어떤가요? 알파고는 바둑에서 인간을 물리친 최초의 인공지능 프로그램으로 구글 딥마인드(DeepMind)가 2016년에 선보였습니다. 이세돌 9단에게 4승 1패로 승리를 거두었는데, 이세돌 9단은 세계 챔피언 우승을 8차례나 했던 최강자 중의 최강자였습니다. 이뿐만이 아니라 알파고는 당시 세계랭킹 1위인 커제(Ke Jie) 9단에게도 3전 전승을 거두었죠.

그런데 더욱 놀라운 것은 알파고가 나온 지 1년 만인

2017년 10월, 딥마인드는 '알파고 제로'(AlphaGo Zero)를 발표합니다. 알파고 제로는 알파고와의 대결에서 100전 100승의 압승을 거두었습니다. 딥마인드는 여기에 그치지 않고 알파고 제로를 발표한 지 한 달 반 만에 '알파제로(AlphaZero)'를 개발했습니다. 딥마인드는 겨우 1년 만에 엄청난 테크놀로지의 발전 속도를 보인 것입니다. 알파고는 약한 인공지능에 불과하지만, 인공지능의 발전 속도가 어느 정도로 급격하게 변할 수 있는지를 보여주는 좋은 예가 됩니다.

인공지능과 관련하여 요즘 한창 유행하고 있는 것이 생성형 인공지능 챗GPT입니다. 오픈AI(OpenAI)라는 미국 회사에서 GPT를 처음 선보인 것은 2018년 6월에 개발된 GPT-1인데 그 후 매년 놀라운 속도로 발전하고 있습니다. 앞에서 언급했던 힌튼 교수는 챗GPT-4가 출현한 이후로 인공지능 빅테크 기업들 간의 경쟁이 더욱 격렬해졌다고 말합니다. 인공지능 빅테크 간의 경쟁이 치열해진다는 것은 자연스럽게 인공지능 기술이 하루가 다르게 기하급수적으로 발전한다는 것을 의미한다고 볼 수 있겠죠.

결론적으로 말하면, 인공지능의 발전 속도와 방향은 아

무도 섣불리 예측할 수 없다는 것입니다. 그 이유로 첫째는, 더 강한 인공지능을 만들고자 하는 인공지능 과학자와 전문가 그리고 관련 기업들의 욕망 때문입니다. 둘째는, 딥러닝을 기반으로 하는 인공지능의 학습과 지적 능력의 성장 속도를 인간이 가늠하기 어렵기 때문입니다. 다만, 확실한 것은 인간의 형상을 하고 인간의 감정을 읽는 휴머노이드 인공지능 기계의 출현은 시간이 문제이지 반드시 우리 앞에 나타날 것이라는 사실입니다.

인공지능시대, 그리스도인이 꼭 알아야 할 28가지 질문

소그룹 나누기 활동

❶ 질문에 대한 대답을 읽고 배우고 느낀 점을 함께 나누어 보세요. 이해가 안 되거나 궁금한 것이 있으면 서로 도와주세요.

❷ 인간처럼 감정을 느끼는 인공지능이 옆에 있다면, 어느 정도까지 감정을 공유할 수 있다고 생각합니까? 그 이유는 무엇인가요?

❸ 함께 기도 제목을 나누며 기도합시다.

Q. 5

요즘 들어
인공지능에 관하여 이야기하는
사람들이 많은 것 같아요.

환영하는 사람도 있는 반면에,
인공지능이 가져올
급격한 변화에 대해
우려하는 사람들도
많이 있는 것 같습니다.

인공지능 개발 속도가
너무나도 빨라 개발 속도를
늦추어야만 한다는
목소리도 있습니다.

**과연 인공지능 개발 속도를
늦출 수 있을까요?**

Q.5 인공지능 개발 속도를 늦출 수 있을까?

매우 시기적절하고 중요한 질문이라고 생각합니다. 최근 들어 인공지능의 개발 속도가 매우 빠르게 진행되고 있는 것은 사실입니다. 인공지능에 대해서 잘 알지 못하는 사람들은 물론이고, 심지어 인공지능 전문가들조차도 자신들의 예상을 훨씬 뛰어넘는 속도로 발전하고 있는 모습에 적지 않게 놀라는 듯한 눈치입니다. 또한 개발 속도뿐만 아니라, 인공지능이 가져올 인간의 삶의 변화에 대해서 염려하고 있습니다. 그러니까 인공지능의 발달로 야기될 역기능적인 현상들이 긍정적인 부분 못지않게 클 것이라고 우려하고 있는 거지요.

이런 맥락에서 질문과 같은 목소리들이 나오는 것은 어

떻게 보면 당연하겠죠. 프롤로그에서도 이야기했지만 최근
에 여러 유수의 인공지능 개발자와 전문가들이 GPT-4 이
후의 개발을 잠시 멈추고 전세계가 머리를 맞대고 미래의
위험을 막기 위한 인공지능 법제화를 하자고 제안한 것도
그런 우려를 극명하게 보여주고 있습니다.

인공지능 전문가들은 GPT-4가 나온 이상, GPT-4.5와
GPT-5가 출현하는 것은 시간문제라고 말하기도 합니다.
그러나 GPT-5로 그치는 것이 아닙니다. 챗GPT를 개발한
오픈AI의 샘 알트만(Sam Altman) 최고경영자는 챗GPT의 최
종적인 목표는 바로 범용인공지능(AGI)이라고 말한 바 있
습니다. 범용인공지능(AGI)이란, 특정 문제뿐 아니라 주어
진 모든 상황에서 생각과 학습을 하고 창작할 수 있는 지
적 능력을 가진 인공지능을 말합니다. 즉, 컴퓨터로 사람과
같은 또는 사람의 지능을 초월하는 지능을(이것을 초지능이라
고 부릅니다) 구현하는 것입니다. 거의 모든 인공지능 연구의
궁극적 목표 중 하나입니다. 이 부분에 대해서는 다음의 질
문에서 다루어 보려고 합니다.

그렇다면 과연 인공지능 개발의 속도를 인위적으로 늦
추는 것이 가능할까요? 결론부터 말하면 다음과 같은 몇 가

지 이유에서 거의 불가능할 거라고 생각합니다.

먼저, 과학기술의 특징 때문입니다. 과학과 기술이라는 것은 발전과 발달을 전제로 삼고 있습니다. 아무리 뛰어난 과학기술력으로 무장했다 하더라도 발전과 발달을 하지 않는 기업은 그 이상의 가치를 발휘하지 못하게 되는 거죠. 한 때 세계를 휘어잡았던 일본의 소니(Sony)와 미국의 IBM, 그리고 강력한 검색 사이트 야후(Yahoo)의 몰락은 변화하는 시대적 환경에 적응하여 새로운 기술력을 창출하지 못하면 무너질 수밖에 없다는 것을 아주 실감나게 보여줍니다. 과학기술의 세계는 다름 아닌 '새로움'과 '창조'를 지향하는 겁니다. 이를 통해서 부를 축적하는 거지요.

이렇게 볼 때 이미 인공지능 개발이 어느 정도 궤도에 들어섰고 사람들의 폭발적인 관심을 받고 있는 지금, 세계적인 인공지능 개발 회사들이 지금까지의 개발 속도를 늦추고 사회윤리적 차원이나 개인정보 등의 안전장치가 완전히 이루어질 때까지 기다리지는 않을 것입니다.

인공지능 개발 속도를 늦추지 못하는 두 번째 이유는, 전 세계적으로 인공지능 개발에 박차를 가하기 위해 마이크로소프트사와 구글 등의 글로벌 기업들이 이미 엄청난 예산을 투자하고 있으며, 많은 나라에서 수조 원에서 수백억 원의 교육비를 투자해서 인공지능 개발자 양산에 열을 올리고 있다는 데 있습니다.

먼저, 기업들의 경우를 잠깐 살펴볼까요. 글로벌 빅테크 기업들은 초거대 인공지능 개발에 집중하고 있는데요. 챗GPT 개발로 선두를 달리고 있는 구글 딥마인드는 스위치 트랜스포머를, 마이크로소프트사는 MT-NLG를 개발하였습니다. 또한 애플과 아마존 역시 생성형 인공지능 개발의 방향에 대해서 고려하고 있으며 곧 이 시장에 뛰어들 채비를 갖추고 있다고 합니다. 국내 기업의 경우 네이버의 하이퍼 클로바(Hyper CLOVA), 카카오의 코지피티(KoGPT), LG의 엑사원(EXAONE) 등이 대표적인 초거대 인공지능이라고 할 수 있습니다.

한편, 빅테크 기업 못지않게 세계는 지금 인공지능 교육과 훈련에 엄청난 예산을 쏟아붓고 있는 중입니다. 미국의 경우 인공지능 교육의 대부라 할 수 있는 MIT 대학에서는 인공지능 연구소에만 1조 원 이상을 투자하고 있습니다. 미국 못지않게 인공지능 연구가 활발하게 이루어지고 있는 중국은 75여 개의 대학에 인공지능 학과가 있습니다. 한편,

우리나라는 어떤가요. 교육부가 세운 미래 한국 대학의 교육의 핵심을 인공지능을 비롯한 4차 산업혁명을 선도할 분야로 정하기도 했는데요. 인공지능 융합 교육대학원, 인공지능 융합혁신 대학원, 인공지능 대학원 등의 대학원을 선정하고 설립하는 데 정부가 수백억 원을 투자하고 있는 중입니다.

위에서 언급한 것처럼 세계적인 빅테크 기업의 인공지능 개발 의지와 엄청난 양의 교육과 훈련 투자비용을 감안한다면, 인공지능 개발 속도를 인위적으로 늦추는 것은 비현실적인 일이 되겠죠.

마지막으로, 당연한 것이겠지만 경제 논리입니다. 인공지능이 여러 경제 영역에 미치는 긍정적인 효과는 막대합니다. 국내의 한 연구소가 조사한 바에 따르면, 2030년까지 인공지능이 국내 경제에 미치는 효과는 무려 630조 원에 다다를 것이라고 예측하고 있습니다. 국내만 이 정도면 세계 경제에 미칠 파급효과는 엄청날 것이라는 예상을 쉽게 할 수 있습니다. 물론, 인공지능으로 인하여 밀려나는 많은 인력으로 인한 사회적 비용이 만만치 않을 겁니다. 그럼에도 불구하고 인공지능으로 인한 업무 처리와 생산 능력의 극대화와 효율성은 인공지능에 더욱 의지하게 될 가능성을 높여줍니다.

지금까지 인공지능 개발 속도를 늦출 수 있느냐의 가능성에 대해서 살펴보았습니다. 현 시점에서 보면 인공지능의 발전 속도를 늦추는 것보다는 인공지능 개발에서부터 활용까지 다양한 관련법들을 만드는 것이 대안이라고 생각합니다. 여기에는 각 나라별로 적절한 법과 함께 국제법 차원에서도 반드시 필요하겠죠. 인공지능이 가져올 위험에 대해서는 어느 개인이나 단체 혹은 한 나라가 아니라, 인류 전체가 공동으로 대응해야만 하는 공동체적인 과제이기 때문입니다.

소그룹 나누기 활동

❶ 질문에 대한 대답을 읽고 배우고 느낀 점을 함께 나누어 보세요. 이해가 안 되거나 궁금한 것이 있으면 서로 도와주세요.

❷ 챗GPT의 개발 속도가 놀랍습니다. 인공지능 개발 속도를 늦추어야 한다는 의견에 대해서 어떻게 생각하나요?

❸ 함께 기도 제목을 나누며 기도합시다.

Q. 6

인공지능을 활용한 기계들이
빠른 속도로 우리의
일상 속으로 들어오고 있습니다.

인공지능에는
약한 인공지능과 강한 인공지능이
있다고 하는데요.

약한 인공지능보다는
강한 인공지능이 인류에게
큰 위협이 될 거라고 합니다.

그렇다면
**사람들은 왜 굳이
강한 인공지능을
만들려고 할까요?**
약한 인공지능만 만들어
사용하면 안될까요?

Q.6 사람들은 왜 굳이
강한 인공지능을 만들려고 할까?

매우 중요하지만 답을 하기가 그리 쉽지 않은 질문이에요. 질문 그대로 그냥 약한 인공지능 차원에서만 개발해서 우리들의 생활과 경제에 많은 유익을 주는 정도로만 연구하면 인류의 생존 자체에 위협을 주진 않을 텐데 말입니다. 그런데 굳이 왜 그 이상의 개발을 하려고 할까요? 저도 참 답답한 마음입니다. 사실, 평범한 일반인의 입장에서 보면 인간의 지적 능력과 동등하거나 더 뛰어날 뿐만 아니라 스스로 생각하고 판단하며 행동하는 기계를 왜 만들려고 하는건지 안타까울 따름입니다.

그 이유는 아마도 다양할 겁니다. 가장 먼저 떠오르는 이유는 다섯 번째 질문에 대한 답에서 살펴보았던 과학과 기술의 숙명과도 같은 특징을 여기서도 들 수 있을 것 같습니다. 발전해야 하며 새로움을 창조해야 하는 과학과 기술의 특성상 어느 수준에서 더 이상 발전하지 않고 스스로 멈추는 일이란 있을 수 없는 일이죠. 그러니까 당연히 끝까지 가는 겁니다.

물론 인공지능 연구자나 개발자들 사이에서도 입장의 차이는 있겠죠? 약한 인공지능으로 충분하니 지금 여기서 더 이상의 발전을 진지하게 재고해야 한다고 말하는 순수한(?) 개발자나 연구자도 있을 겁니다. 그러나 안타까운 것은 순수한 인공지능 개발자조차도 인공지능이 예상할 수 없는 방향으로 치달을 것을 보면서도 제어할 수 없는 현실과 마주해야 한다는 사실입니다. 인공지능의 발달 속도와 방향에 대해서 심히 우려한 나머지 인류에 대한 인공지능의 심각한 위협을 알리기 위해서 과감하게 구글에 사표를 내던진 인공지능의 개척자 중 한 명인 캐나다 토론토 대학교의 힌튼 교수 같은 분도 있습니다. 그는 인공지능을 연구 개발한 것을 후회한다고까지 말합니다.

반면에, 인공지능 전문가나 개발자들이 강한 인공지능

을 만들 수밖에 없는 가장 중요한 이유가 있습니다. 그 이유는 먼저 인공지능이 궁극적으로 무엇을 지향하고 있는지와 밀접한 관련이 있습니다. 그러니까 인공지능의 최종 목표가 과연 무엇인지를 분명히 인식해야만 한다는 겁니다. 이에 대한 인식이 없다면 우리는 이 문제를 깊이 파헤치기 어렵습니다. 이 책의 나머지 장들에서 좀 더 자세하게 다루겠지만, 일단 여기서는 간략하게 말하고 넘어가도록 하겠습니다.

특히 그리스도인인 우리는 인공지능의 궁극적인 지향점에 대해 기독교적 관점에서 비판적으로 이해해야 할 거룩한 의무가 있습니다. 이것이 그리스도인인 우리가 왜 인공지능에 대한 관심을 놓쳐서는 안 되는 분명한 이유가 되는 것입니다. 제가 이 책을 쓰는 목적이기도 합니다.

일단 창조론에서부터 시작하기로 합니다. 창조론은 기독교의 근간을 이루는 가장 중요한 신학적, 성서적, 신앙적 명제입니다. 즉, 하나님께서 당신의 형상을 닮은 인간을 만드셔서 온 세상에 충만하라고 명령하셨다는 것입니다.

하나님이 자기 형상 곧 하나님의 형상대로 사람을 창조하시되 남자와 여자를 창조하시고 하나님이 그들에게 복을 주시며 하나님이 그들에게 이르시되 생육하고 번성하여 땅에 충만하라, 땅을 정복하라, 바다의 물고기와 하늘의 새와 땅에 움직이는 모든 생물을 다스리라 하시니라 _ 창 1:27-28

인공지능의 출현은 다름 아닌 기독교의 창조론과 같은 맥락에서 이해해야 합니다. 인공지능을 그저 로봇과학, 인지과학, 뇌과학 등의 과학의 발달로 인한 4차 산업혁명의 부산물 정도로만 접근해서는 강한 인공지능이 앞으로 펼쳐갈 세상을 반쪽밖에 볼 수 없게 된다는 말입니다.

하나님께서 당신의 형상을 닮은 인간을 만드시고 그 안에 하나님의 영을 부어주셨듯이, 21세기의 인간들은 인간의 모습을 닮은 기계, 즉 인공지능을 만들어 그 안에 인간의 지능을 부어주려는 시도를 하고 있는 것이지요. 한마디로 말하자면 피조물인 인간이 이제 자신이 창조주가 되어 인간보다 조금 못한 다른 피조물을 만들어내려고 하는 것입니다. 그런데 어리석은 인간이 미처 계산하지 못한 일들이 벌어질 가능성을 이제야 희미하게나마 예측하고 있는 거죠. 그것이 무엇일까요? 바로 인간이 만든 기계가 인간을 훨씬 능가하는 초(超)지능을 가진 괴물이 될 수 있다는 사실입니다.

인공지능은 현대 과학기술 발달의 부산물이지만 기독교적인 관점에서 보면 무한한 신이 되고자 하는 유한한 인간의 욕망과 갈망이 만들어낸 것이라고 할 수 있습니다. 인간의 역사를 보면 인간은 신처럼 혹은 신보다 더 위대한 존재가 되고자 추구해 왔음을 알 수 있습니다. 바벨탑 사건은 그러한 욕망을 드러낸 대표적인 성서적 사건이고요. 죽지 않는 영원한 생명에 대한 욕망이 만들어낸 미이라, 불로초, 인간 복제 기술 등은 영원히 살고자 하는 불멸에 대한 끊임없는 인간의 원초적 욕망을 투영하고 있습니다. 바로 강한 인공지능의 개발을 멈출 수 없는 이유입니다.

로봇과학자 한스 모라벳과 인공지능의 창시자이자 미래학자인 레이 커즈와일(Ray Kurzweil)은 로봇과 인공지능이 가져올 세상을 인류와 세계를 향상시키는 환상적인 낙원으로 묘사합니다. 이와 같은 사람들을 종말론적 인공지능(Apocalyptic AI) 주창자라고 부르는데요, 이들은 성경에서 말하는 하나님에 의해서 이루어지는 종말의 모습에 빗대어 앞으로 올 시대의 새로운 세계는 하나님이 아니라 과학과 기술 및 기계가 다스리는 나라의 도래와 인간의 신체에 발생할 놀라운 발전을 기대하고 있는 겁니다. 기독교적인 입장에서 보면 매우 위험한 기독교에 반(反)하는 주장이 아닐 수 없습니다.

인공지능의 방향은 결국 지금보다 훨씬 강력한 인공지능의 개발로 치달을 가능성이 매우 높습니다. 단순히 경제논리나 4차 산업혁명의 흐름 때문만이 아니라, 인공지능이란 기계를 통하여 유한한 인간이라는 존재가 가진 한계를 뛰어넘어야 하는 궁극적 지향점을 달성해야 하기 때문입니다. 이러한 강한 인공지능 주창자들의 철학적이고 사상적인 흐름을 트랜스휴머니즘(transhumanism)이라고 합니다.

이 책의 뒷부분에서 몇 차례의 질문을 통하여 트랜스휴머니즘이 무엇이고 강한 인공지능과 어떻게 연결되는지, 그리고 기독교에 왜 위협이 되는지를 다루고 있습니다.

소그룹 나누기 활동

❶ 질문에 대한 대답을 읽고 배우고 느낀 점을 함께 나누어 보세요. 이해가 안 되거나 궁금한 것이 있으면 서로 도와주세요.

❷ 저자는 인공지능의 출현을 기독교의 창조론과 연결하여 접근해야 한다고 보고 있습니다. 이에 대한 각자의 생각을 나누어 보세요.

❸ 함께 기도 제목을 나누며 기도합시다.

Q. 7

인공지능과 관련해서
다양하고 유익한 정보들을
얻고 있습니다.

하지만, 강한 인공지능이
인류의 미래에 어떤 영향을 미칠지
염려가 되기도 합니다.

**강한 인공지능과
인간과의 관계를 다룬 영화가**
많이 있다고 하는데,
영화를 보면 좀 더
실감이 날 것 같습니다.

추천하는 영화가 있을까요?
영화에 대한 소개도 부탁합니다.

Q.7 강한 인공지능과
인간과의 관계를 다룬 영화가 있을까?

글로만 읽는 것보다는 영상으로 보는 것이 좀 더 명확합니다. 물론 영화를 만든 감독의 의도가 들어가 있을 수 있기 때문에 어느 정도 한계는 있을 거라고 생각합니다. 그럼에도 불구하고, 인공지능을 다룬 영화를 보게 되면 인공지능이 가져올 세상이 좀 더 피부에 와 닿으리라 생각합니다.

지면의 제한이 있는 관계로, 다음과 같이 세 개의 영화를 소개합니다. 꼭 보시기 바랍니다.

에이 아이 (A.I.)

영화 〈에이 아이〉는 2001년 작품입니다. 나온 지 좀 오래

되었지만 워낙에 많은 관객들의 호평을 받았던 작품이라서 그런지 지금도 인공지능 관련 영화 소개에서 빠지지 않는 작품입니다. 내용도 내용이지만 우리에게 너무나도 잘 알려진 스티븐 스필버그(Steven Spielberg) 감독의 작품이라서 그 작품성이 더욱 인정받는 영화이기도 합니다.

강한 인공지능하면 사실 좀 부정적이고 난폭한 기계가 먼저 떠오르실 텐데요, 이 영화에 나오는 강한 인공지능 소년 데이빗은 인간으로부터의 진정한 사랑을 갈망하면서 인간이 되고자 하는 꿈을 가지고 있는 부드럽고 연약한 인공지능 로봇입니다.

〈에이 아이〉 포스터. 2001

영화는 감정을 가진 최초의 인공지능 로봇으로 탄생한 데이빗이 헨리 스윈튼의 가정에 입양되면서 시작됩니다. 스윈튼 부부에게는 불치의 병에 걸린 아들 마틴이 있는 치료약이 나올 때까지 기다리며 냉동 상태로 보관됩니다. 데이빗은 마틴 대신 아들 역할을 하기 위해서 입양된 것이지요.

그런데, 데이빗에게 전혀 뜻밖의 불행한 소식이 전해집니다. 냉동 상태에 있던 진짜 아들 마틴이 치료를 받아 집으로 돌아온 것입니다. 스윈튼 부부의 집에서 마치 진짜 인간 아들처럼 사랑받고 교육을 받고 행복한 삶을 살아가던 데이빗에게는 청천벽력과도 같은 일이 아닐 수 없습니다. 그러나 결국 그는 아들의 자리에서 물러나고 버려지게 됩니다.

많은 관객들은 이 영화에서 특히 다음의 대사에 깊은 감명을 받고, 많은 눈물을 흘린다고 합니다. 엄마에게 버림받고 집을 떠나면서 데이빗이 울부짖는 말입니다.

> "엄마, 제가 진짜 사람이 아니어서 미안해요. 제발 저를 떠나지 말아주세요. 엄마가 허락하시면, 엄마를 위해서 진짜 사람이 될게요."

강한 인공지능의 출현으로 인류의 존재 자체를 걱정하는 지금, 인공지능 로봇과 인간 사이의 가족을 통한 애정과 돌봄과 사랑을 그린 영화 〈에이 아이〉는 인간과 인공지능 로봇 사이의 관계의 경계를 어디에서 어떻게 설정해야 하는지를 고민하게 합니다.

그녀 (Her)

두 번째로 소개할 영화는 2013년도에 개봉된 영화이며, 스파이크 존즈(Spike Jonze)가 감독을 맡았던 〈그녀〉입니다. 개봉 당시 미국에서 상당한 호평을 받았으며 한국에서도 적지 않은 관심을 받았던 작품입니다. 이 작품은 인간이 인공지능과 어떻게 사랑의 감정을 나누고 인생의 이야기를 나눌 수 있는지를 보여주었습니다. 남자 주인공으로는 호아킨 피닉스가, 여자주인공으로는 비록 목소리만 들리지만 스칼렛 요한슨이 각각 배역을 맡았습니다.

대필작가인 주인공 테오드로는 아내와 별거 중에 우연한 기회에 인공지능 운영체제(OS)인 사만다를 만납니다. 처음에는 감미로운 목소리만 들릴 뿐, 실체가 없는 인공지능에게 별다른 기대를 가지지 않았던 테오드로는 사만다와의 대화를 이어가면서 자신의 상하고 지

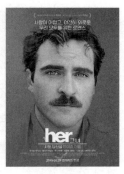

〈그녀〉 포스터. 2014

친 내면의 목소리를 들어주며 부드럽게 어루만져주는 그녀에게 사랑의 감정을 느낍니다.

실제 인간인 아내에게서 받아보지 못했던 공감과 수용과 안아주는 경험을 한 것이지요. 한편, 테오드로와의 만남을 통해서 사만다 역시 자신에게 프로그램화된 것보다 훨씬 더 많은 인간의 감정을 알게 되고 그녀 역시 인간들이 그토록 갈망하는 사랑과 소통과 공감이 무엇인지를 배우게 됩니다.

서로가 필요하고 사랑하는 존재로 대화를 이어가던 두 사람의 관계는 보통 영화처럼 반전을 맞이하게 됩니다. 인간과 인공지능 사이의 사랑도 인간과 기계라는 근본적인 차이를 어쩔 수 없이 받아들여야만 하는 거지요.

2013년 당시에는 그러한 시나리오가 머나먼 미래의 일로 치부되었지만, 2023년 생성형 인공지능 챗GPT까지 등장한 지금 우리는 인간의 감정을 읽고, 느끼고, 품어주는 인공지능의 출현이 그리 얼마 남지 않았음을 직감하고 있습니다. 그런 의미에서 이 영화는 우리에게 시사해 주는 바가 적지 않습니다.

사람들이 실제 사람 사이에서 주고받는 공감과 사랑을 외면한 채 오히려 인공지능에게서 편리함, 정확성, 최대의 만족감, 공감을 더 많이 느낀다면 인간이 설 자리는 과연 어디일까요? 인공지능에게 일자리도 빼앗길지 모른다는 불안감에 더하여 사랑의 관계조차도 잃어버리면 인간 존재의 의미와 가치를 어디에서, 그리고 무엇에서 찾을 수 있을지 고민하게 하는 영화인 것 같습니다.

엑스 마키나 (Ex Machina)

2015년도에 개봉된 〈엑스 마키나〉는 알렉스 가랜드(Alex Garland) 감독의 감독 데뷔작이며 제88회 아카데미 시각효과상을 수상한 작품입니다. 이 영화는 인공지능이 자신의 목적을 위해서 인간을 어떻게 이용하고 유혹할 수 있는지를 보여주고 있습니다. 앞에서 소개한 두

〈엑스 마키나〉 포스터. 2015

영화에 비해서 좀 더 섬뜩한 느낌이 들며, 인공지능 윤리 법제화가 왜 시급히 필요한지를 좀 더 강력하게 시사해 주는 영화입니다.

영화 속 주요 인물은 여성 인공지능인 에이바와 에이바를 만든 인공지능 개발자이자 블루북의 CEO 네이든, 그리

고 네이든의 교묘한 술수에 휘말린 프로그래머인 칼렙입니다. 이 세 인물을 둘러싸고 사랑과 조종과 유혹과 야망이 어우러져 관객들의 흥미와 시선을 끌고 있습니다.

이 영화에서 네이든이 만든 인공지능 에이바는 비록 다른 부분은 기계의 모습이지만 얼굴과 손과 발은 인간의 피부로 만들어진 '반인 반기계'의 모습을 하고 있습니다. 그러나 매우 아름답고 매혹적인 모습이기에 칼렙은 그녀와의 첫 만남부터 사랑에 빠지게 됩니다. 그런데 불행히도 에이바에게는 다른 목적이 있습니다. 칼렙을 유혹하여 자기편으로 만들어서 갇혀있는 연구실을 빠져나가는 겁니다. 비록 단순한 시나리오이지만 그러한 과정에서 나타나는 칼렙과 네이든의 반목과 불신, 그리고 그 갈등에 에이바까지 가세하면서 각자의 이익이 첨예하게 부딪히며 보는 재미를 만들어 냅니다.

이 영화를 이끌고 있는 질문은 바로 과연 네이든이 모든 것을 프로그래밍한 것이냐의 여부입니다. 칼렙은 자신을 초대하고 에이바를 만나 자기를 좋아하게 만드는 이 모든 것들이 네이든이 교묘하게 조종하고 프로그래밍한 음모가 아닐까 갈등합니다. 결국 칼렙은 네이든뿐만 아니라 자신을 사랑하고 있다고 믿었던 에이바에게도 배신을 당하고 맙니다.

인간이 자신이 만든 인공지능을 테스트하기 위해서 같은 인간을 이용하고, 이용당한 인간은 인공지능을 사랑하다가 나중에는 이기적인 인공지능으로부터 배신을 당한다는 줄거리를 가진 영화 엑스 마키나. 인공지능을 이용한 인간과 인간을 이용하는 인공지능의 머리싸움은 결국 인간이 이기더라도 인간이 지는 것이 아닐까 하는 생각을 하게 됩니다.

그런데 더 불길한 것은 인간이 만든 인공지능이 인간이 가진 '사랑'이라는 감정을 이용하여 인간을 조종하고 이용하는 그런 세상이 곧 다가오지 않을까 하는 것입니다. 인간은 무엇 때문에 인간이라고 하는 것일까요? 인간은 도대체 인공지능을 통해서 무엇을 얻으려고 하는 것일까요? 인공지능으로 인한 유익을 향하여 달려가는 우리가 한 번쯤은 볼 필요가 있는 영화라고 생각합니다.

소그룹 나누기 활동

❶ 질문에 대한 대답을 읽고 배우고 느낀 점을 함께 나누어 보세요. 이해가 안 되거나 궁금한 것이 있으면 서로 도와주세요.

❷ 각자 본문에 나오는 영화를 시청해 보세요(한 장소에서 함께 시청하면 더욱 좋습니다). 영화를 보고 난 후에, 각자의 느낌과 생각에 대해서 서로 이야기를 나누어 보세요.

❸ 함께 기도 제목을 나누며 기도합시다.

PART 2

인공지능, 기독교,
그리고
목회적 돌봄

Q. 8

인공지능을
기독교적인 시각으로
바라보고 이해할 필요가
있다고 생각합니다.

하지만
대부분의 그리스도인은
이에 대한 지식이나 생각이
부족한 것 같아요.

**인공지능을 기독교적으로
이해하기 위한 중요한 이슈로는
어떤 것들이 있을까요?**

Q.8 인공지능을 기독교적으로
이해하기 위한 중요한 이슈는?

맞습니다. 그리스도인으로서 인공지능의 발달을 바라보는 시선은 비기독교인과는 달라야 하지요. 사실, 이러한 자세는 단지 인공지능이기 때문이라기보다는 그리스도인으로서 이 세상의 문화와 가치를 신앙인의 눈으로 이해하고 접근해야만 하는 것은 당연히 그리스도인으로서 가져야 할 자세입니다.

예를 들면, 지금 우리 주위에서 매우 큰 논쟁의 중심에 서 있는 동성애, 자살, 마약, 총기 사건, 기후 이상 등의 이슈들을 세상적인 가치관과 기준을 가지고 이해하고 해석할 수 있을 것입니다. 동시에 그리스도인이라면 거기서 그치는 것이 아니라 성경적, 신앙적, 신학적으로도 제대로 읽을 수 있는 지적인 능력과 영적인 성숙이 있어야 한다는 것입니다.

다시 인공지능으로 돌아가면, 아마도 기독교인들 중에서도 인공지능을 굳이 종교적인 관점으로 다룰 필요가 있느냐고 반문하는 사람도 있을 겁니다. 기독교인들 사이에서도 세상 문화와 과학과 기술을 보는 입장이 다양할 수 있으니 말입니다. 그러나 이 책을 쓰고 있는 저자로서 저는 인공지능을 단지 과학기술적인 차원 또는 일반 윤리나 법적인 차원에만 맡기는 것은 기독교인으로서, 그리고 저 개인적으로는 신학자로서의 직무 태만이라고 믿습니다. 이 땅에서 일어나는 사회문화적이고 과학기술적인 중요한 이슈들에 대해서 기독교적으로 분별하여 목소리를 내는 것은 이 시대의 교회와 그리스도인들이 해야만 하는 소명이기 때문입니다.

결론부터 말하면 질문 6의 답변에서 말했던 것처럼 인공지능은 단지 과학기술계의 산물로써 나타난 인간의 지능을 갖춘 뛰어난 기계에 불과한 것이 아니라, 인간의 삶을 지배하는 하나의 우상으로 발전할 가능성이 매우 높다고 봅니다. 즉, 인공지능이라는 우상은 그 무엇보다도 하나님이라는 기독교의 신에 대한 인간의 도전을 가장 현실화할 수 있는 도구로 사용될 것이라는 점입니다.

게럿 복음주의 신학교의 기독교 사회윤리학 은퇴교수인 브렌트 워터스(Brent Waters) 교수는 현대 사회에서 테크놀로지가 우상과 신앙의 대상이 되고 있고 그러한 신앙은 우리의 생각과 희망을 왜곡하여 하나님에 대한 우리의 사랑을 빼앗아갈 수 있다고 비판적으로 지적하고 있습니다. 워터스 교수가 지적한 현대 테크놀로지의 최정점에 서 있는 것이 무엇일까요? 그렇습니다. 바로 인공지능입니다. 여기서 우리는 우상이 믿음의 대상이라는 사실에 주의를 기울여야 합니다. 사람들은 우상을 만들고 나서 저 구석으로 밀어 던져 버리고 마는 것이 아니라, 그것에 무언가 의미와 가치와 믿음을 부여하곤 합니다. 그래서 우상이 무서운 것이지요.

예를 들어, 내가 지금 인공지능을 장착한 자율주행차에 탔다고 생각해 봅시다. 처음에는 운전을 직접 하지 않고 인공지능이 목적지까지 데려다주니 너무나 편할 겁니다. 특히 장거리 여행을 할 때에는 우리의 피곤함을 상당히 덜어주겠죠. 솔직히 말해서 인공지능 자율주행차에 익숙해지면

누가 직접 운전을 하려고 할까요? 아마 거의 없을 겁니다. 그 때에는 인간의 운전 능력은 거의 쇠퇴하게 되고, 인공지능 자율주행차 없이는 장거리 이동이 불가능 할 거라고 생각하게 될 것입니다. 자율주행차를 한 예로 들었지만, 우리들의 일상생활 전반이 인공지능 없이는 제대로 돌아가지 않을 날이 오는 겁니다. 어디를 가도 인공지능이라는 우상이 사방에 세워지는 셈입니다.

인공지능은 이 시대가 만든 최후의 우상이 되고 있으며, 창조주 하나님께서 피조 세계에 부여한 불완전함과 유한함을 초월하고자 하는 인간의 무모한 도전을 이룰 수 있는 최고의 도구가 아닐 수 없습니다. 우리가 인공지능을 기독교적 시각으로 접근해야 한다고 했을 때, 가장 먼저 생각해야 할 부분이 바로 이 점이지요. 인간을 만들어낸 하나님처럼, 인간도 생각하고, 말하고, 느끼고, 한계를 모르는 창조물을 만들어내겠다는 인간의 오만입니다. 즉, 인공지능은 인간이 만들어 낸 최첨단 과학기술의 산물이지만 그 이면에는 인간을 닮은 창조물을 만들어낼 수 있다는 현대 과학기술의 무모한 자신감을 내포하고 있는 것입니다.

미국 맨해튼 칼리지(Manhattan College)의 종교철학 교수인

로버트 게라시(Robert Geraci)는 종교, 과학, 그리고 예술 분야에서 인간이 가장 소중하게 품어온 꿈 중의 하나가 인간과 유사한 생명을 창조하는 것이라고 지적한 바 있습니다. 그는 현대의 로봇 테크놀로지와 인공지능이 이러한 오래된 인간의 꿈을 가장 확실하게 실현시켜 줄 것이라고 믿고 있는 것입니다. 이에 대하여 컴퓨터공학과 신학을 전공한 노린 허즈펠드(Noreen Herzfeld)는 인공지능의 목표는 인간의 형상을 닮은 '다른 것'을 창조하는 것이라고 지적하기도 합니다.

이런 맥락에서 교회와 그리스도인들이 인공지능과 그에 따른 세상과 사회와 문화의 변화들을 단지 자연스런 시대의 발전이라는 흐름으로만 받아들이고 신앙적, 신학적으로 제대로 된 준비를 하지 못했을 때 이후에 벌어질 일들을 생각하면 참으로 끔찍하지 않을 수 없습니다. 어쩌면 지금의 교회는 사이버 공간 안으로, 목사는 인공지능 목사로, 헌금은 사이버 코인으로 대체되는 날을 맞이하게 될지도 모릅니다. 더 우려되는 것은 궁극적으로 예배의 대상이 하나님이 아니라, 인간들이 로봇과 기계로 장착한 인공지능 신에게 예배하는 인공지능 기독교라는 새로운 유형의 기독교가 탄생할 수도 있다는 사실입니다. 이미 여러 해 전에 미국 샌프란시스코에서는 인공지능 교회가 만들어져서 인공지능 목사가 교인들에게 축도하는 일도 있었다고 합니다.

지금도 교회가 가지는 의미와 가치와 역할이 축소되고 있지 않습니까? 이런 상황에서 인공지능시대를 맞이하여 정말로 교회와 그리스도인들이 정신을 바짝 차리지 않으면 교회사 전체를 통틀어 가장 심각한 위기에 봉착하게 될 것은 불을 보듯 뻔합니다. 오직 창조주 하나님만이 유일하게 영원한 존재이십니다. 유한한 존재인 인간은 자신의 존재의 가치와 의미를 기계가 아니라, 창조주 하나님 안에서 찾을 때만이 영원한 생명을 누릴 수 있다는 기독교 정신과 복음의 핵심을 굳게 붙드는 인공지능시대의 교회와 그리스도인이 되기를 소망합니다.

소그룹 나누기 활동

❶ 질문에 대한 대답을 읽고 배우고 느낀 점을 함께 나누어 보세요. 이해가 안 되거나 궁금한 것이 있으면 서로 도와주세요.

❷ 인공지능시대를 맞이하여 그리스도인으로서 내가 할 수 있는 일이 무엇이 있을까 생각하고 함께 나누어 보세요.

❸ 함께 기도 제목을 나누며 기도합시다.

Q. 9

앞 질문에서 인공지능이
하나님의 창조의 영역에 대한
도전이 될 수 있다는
기독교적인 인식을 가져야 할
필요성에 대해 알게 되었습니다.

그렇다면,
**인공지능에 내재해 있는 인간관과
기독교적 인간관 사이의 차이점이**
있을 것 같은데,

무엇인가요?

Q.9 인공지능에 내재해 있는 인간관과
기독교적 인간관의 차이점은?

앞 질문에서 우리는 인공지능, 특히 강한 인공지능이 하나
님의 영역에 강력하게 도전하는 도구로 사용될 것이라는
점에 대해서 잠깐 살펴보았습니다. 보다 정확하게 말하면,
인공지능이 아니라 하나님의 피조물인 인간이 자신의 두뇌
를 초월하는 인공지능을 만들어서 창조주이신 하나님의 섭
리에 대항하고 있는 것입니다.

여러분들은 인간이 어떤 존재라고 생각하고 믿으시나
요? 특히 그리스도인으로서 말입니다. 우리가 인간 존재에
대해서 이야기할 때 세상의 학문, 그러니까 철학, 인류학,
심리학, 종교학, 과학 등을 가장 중요한 근거로 삼지는 않습

니다. 물론 그러한 학문 영역들이 인간의 존재와 가치와 의미에 대해서 많은 것들을 알려주고 더욱 풍성하게 해 준다는 사실에 대해서는 저 역시 공감합니다. 그럼에도 불구하고 그리스도인으로서 우리가 가져야 할 궁극적인 대답은 어디까지나 성경에서 찾아야 한다고 믿습니다. 성경에서 가르쳐 주고 있는 인간 존재와 삶의 의미와 가치는 시대를 초월하여 영원한 진리이기 때문입니다. 그것을 믿기에 우리는 과학과 기술이 엄청나게 발전하고 있는 21세기에도 기독교를 생명의 종교로 받아들이고 어떤 시련과 환란이 있더라도 절대로 포기하지 않을 수 있는 겁니다.

성경에서는 인간에 대해서 무엇이라고 말하고 있는 것일까요? 창세기부터 요한계시록에 걸쳐서 매우 많은 것들을 이야기하고 있습니다. 그중에서도 가장 핵심은 아마도 인간이란 하나님께서 창조하셨으며 결국 죽음을 맞이할 수밖에 없는 유한한 존재가 아닐까 싶습니다. 인간이 숙명적으로 가지고 있는 유한함과 죽음에 대해서 가장 잘 표현하고 있는 곳이 전도서입니다. 여러분이 잘 알고 있는 것처럼, 전도서의 저자인 솔로몬은 이 땅의 인간들이 누리기를 원하는 모든 것을 다 누려본 사람입니다. 그렇지만 그는 모든 부귀영화와 지식과 장수도 결국 헛된 추구일 뿐임을 고백하고 있습니다.

> 지혜자도 우매자와 함께 영원하도록 기억함을 얻지 못하나니 후일에는 모두 다 잊어버린 지 오랠 것임이라 오호라 지혜자의 죽음이 우매자의 죽음과 일반이로다 _ 전 2:16

> 또 내가 하나님의 모든 행사를 살펴보니 해 아래에서 행해지는 일을 사람이 능히 알아낼 수 없도다 사람이 아무리 애써 알아보려고 할지라도 능히 알지 못하나니 비록 지혜자가 아노라 할지라도 능히 알아내지 못하리로다 _ 전 8:17

성경은 분명히 모든 인간은 지혜로운 자나 우매한 자나 모두 한계를 가진 유한한 존재로서 결국 다 잊혀지고 죽음이라는 같은 길을 갈 수밖에 없는 존재임을 말하고 있습니다.

그렇다면 인공지능 주창자들은 인간에 대해서 어떤 시각을 가지고 있는 걸까요? 무엇보다도 강한 인공지능을 주장하는 사람들은 기계를 통하여 인간의 유한성과 죽음을 부인하고 극복하고자 한다는 사실에 주목할 필요가 있습니다. 앞에서도 말했듯이 강한 인공지능 개발을 그만 둘 수 없는 이유입니다. 마이클 델라쉬무트(Michael DeLashmutt)라는 신학자는 현대의 정보 테크놀로지가 가지고 있는 궁극적인 관심사는 인간의 유한성에 대한 해결책을 제시하는 것이라고 지적합니다.

지금까지의 테크놀로지는 우리의 일상적인 삶의 많은 영역에서 편리함과 삶의 질을 높이는 데 주요 목적이 있었습니다. 물론 경제적으로도 높은 생산성을 가능하게 한 원동력이 되어 왔죠. 반면에, 인공지능을 중심으로 한 4차 산업혁명 테크놀로지는 그러한 실용적이고 경제적인 측면을 넘어서 아예 인간 존재의 유한성과 죽음을 초월하는 것을 연구와 개발의 핵심 목표로 삼고 있는 것입니다. 결국 인간이 가지고 있는 신체적, 생리적, 지적, 유전적인 한계를 더 이상 인정하지 않고 하나님이 아니라 고대로부터 인간이 꿈꾸어 왔던 불사(不死)와 불멸(不滅)의 인간상을 구현하려는 것입니다.

그렇다면 인공지능 기술을 활용하여 인간의 유한성과 죽음을 어떻게 초월할 수 있다는 것일까요? 우리가 가지고 있는 보통의 생각과 상식으로는 도저히 이해가 되지 않습니다. 그러나 인공지능 주창자들은 가능하다고 믿고 있답니다. 앞에서 소개한 인공지능 관련 영화들을 보면 좀 더 생생하게 느낄 수 있을 겁니다. 인간이 영원히 죽지 않을 수 있다는 그들의 주장 가운데 한 가지 가능한 시나리오를 살펴보겠습니다.

로버트 게라시 교수는 인간의 마음을 기계로 업로딩하는 것이 가능해지며, 기계에 로딩된 마음은 자신의 복제성 때문에 불멸의 삶을 살 것이고, 인간의 몸의 한계로부터 자유로워질 것이라고 말하고 있습니다. 즉, 강한 인공지능을 주장하는 사람들은 인간의 유한성과 죽음을 극복하기 위한 방법으로 인간의 마음을 기계에다 다운로드하려는 것입니다. 마치 우리가 매일같이 글을 쓰고 저장하고 다운로드 받아 계속해서 사용할 수 있는 것처럼, 인간의 마음을 기계에 다운로드한다는 것입니다.

이와 같은 주장이 매우 황당하게 들리겠지만, 인공지능 과학자들과 일부 미래학자들은 가까운 미래에 테크놀로지의 힘을 빌려서 그런 일들이 충분히 실현 가능할 거라고 내다보고 있습니다. 인간이 예수 그리스도를 믿는 믿음으로 구원받아 영원한 생명을 누리는 것이 아니라, 세속적 과학 기술의 상상을 초월한 발전에 도취된 인간들은 인간과 세계가 기계화될 때 구원을 받는다고 믿고 있는 것 같습니다. 그런데 정작 인간이 기계가 되고 기계가 인간이 되는 그날이 온다 해도 과연 그날이 인간에게 구원의 날이 될 수 있을까요? 아마도 구원의 날이 아닌 인류 파멸의 날이 되지 않을까요?

영화 〈트랜센던스〉(Transcendence)를 보면 이해하는 데 좀 더 도움이 될 것 같습니다.

이제 이 질문을 마무리 해야겠네요. 인공지능은 제아무리 빠른 속도로 발전한다 해도 인간에게 영생을 주는 불멸의 도구가 될 수 없을 것입니다. 설령, 세속 과학기술이 실제로 그런 방향으로 진행된다고 하더라도 우리 그리스도인들은 오직 하나님만이 무한하시고 완전하신 분이시라는 믿음을 굳게 가지고 있어야 합니다. 인간과 세상은 하나님의 완전함을 가지고 있지 않으며, 완전하신 하나님만이 죽음이라는 궁극적인 한계를 가진 인간을 사망에서 영원한 생명으로 이끄실 수 있다는 믿음으로 인공지능시대의 왜곡되고 기계적인 인간관의 도전과 유혹에 대응할 수 있기를 바랍니다.

> 모든 육체는 풀과 같고 그 모든 영광은 풀의 꽃과 같으니 풀은 마르고 꽃은 떨어지되 오직 주의 말씀은 세세토록 있도다 하였으니 너희에게 전한 복음이 곧 이 말씀이니라 _ 벧전 1:24-25

소그룹 나누기 활동

❶ 질문에 대한 대답을 읽고 배우고 느낀 점을 함께 나누어 보세요. 이해가 안 되거나 궁금한 것이 있으면 서로 도와주세요.

❷ 저자는 "인간이 기계가 되고 기계가 인간이 되는 그날이 온다 해도 과연 그날이 인간에게 구원의 날이 될 수 있을까요?"라고 묻습니다. 각자의 생각을 나누어 보세요.

❸ 함께 기도 제목을 나누며 기도합시다.

인공지능이 지향하는 바와
기독교의 가치관이
생각보다 더 상이하다는 것을
알게 되었습니다.

특히, 인간의 유한함과
죽음에 관한 기독교적인 시각에
큰 도전이 되고 있는 현실인데요.

그렇다면 결국
우리가 일상에서 경험하는
신체적, 심리적, 정신적인
고통에 관해서도
기독교 신앙이 말하고 있는 바와
인공지능이 지향하는 바가
많이 다른가요?

Q.10 기독교 신앙과 인공지능이
지향하는 바가 얼마나 다를까?

8장과 9장에 걸쳐서 인공지능이 지향하는 인간의 본질과 삶에 대한 가치와 방향이 그리스도인들이 믿고 있는 성경적인 것들과 어떻게 다른지에 대해서 말씀드렸습니다. 아마도 인공지능을 단지 문화적, 경제적인 측면으로만 알고 있었던 분들에게는 매우 의아스럽기도 하고 과연 그럴까 하는 의문도 들 수 있을 것 같습니다. 저 역시 인공지능을 좀 더 연구하기 위해서 많은 국내외 논문을 읽고 책도 보며 관련 기사를 꼼꼼히 체크하고 나서야 좀 더 깊이 알게 되었으니까요. 인공지능이 그저 4차 산업혁명의 총아(寵兒)로써 인간의 삶을 더 편리하고 더 효율적으로 만들어주는 과학기술의 혁명에 그치는 것이 아니라는 점을 한 번 더 짚고 넘어가도록 하겠습니다. 이에 대해서는 뒷부분에 몇 차례에 걸쳐서 나오는 인공지능과 트랜스휴머니즘 부분을 참고하면 도움이 될 것입니다.

자, 그럼 질문으로 들어가 보겠습니다. 이 질문의 적절한 답을 찾기 위해서는 먼저 과학과 기술의 발달은 인간의 불편함 및 고통과 깊은 관련이 있음을 알 필요가 있습니다. 이것은 잠깐만 생각해 보아도 어렵지 않게 알 수 있죠. 전염병이나 암과 같은 신체의 질병과 그로 인한 고통을 덜기 위하여 인류는 끊임없이 각종 의료기술을 발전시켜 왔습니다. 그리고 장거리 이동이 너무 힘들고 불편해서 마차를 만들었고, 그 후 자동차, 기차, 배, 비행기 등이 출현했습니다. 또한 고장 난 신체의 장기를 고치는 수준을 뛰어넘어 인공장기와 유전자 복제 기술까지 발전하기에 이르렀습니다.

그렇다면 우리가 지금까지 한 번도 경험해 보지 못했던 인공지능은 인간이 경험하는 신체적, 심리적, 정신적 고통을 어떤 관점에서 접근하고 있는 걸까요? 인공지능 개발자들은 그동안 우리에게 많은 고통과 아픔을 주었던 온갖 질병들에 취약한 인간의 신체를 기계의 힘을 빌려 근본적으로 개선하려는 시도를 추구하려고 하는 것입니다. 그러니까 인간이 지금까지는 운명으로 받아들여왔던 병듦, 노화, 죽음과 같은 유한한 인간 조건의 한계를 초월하려는 것입니다. 물론 당장은 그러한 주장이 너무나 현실과 동떨어져 있는 것처럼 보입니다. 생물학적으로 인간이 어떻게 병들지 않고 나이 들지 않으며, 심지어 죽지 않을 수 있을까요? 전혀 불가능한 것을 현대 과학과 기술이 시도하고 있는 것 같은 생각이 듭니다. 반면에 지금은 매우 황당해 보이는 그러한 시도가 인공지능의 급격한 발달과 나노기술, 컴퓨터 공학, 인지과학, 정보과학, 뇌과학, 신경과학, 의료기술 등의 과학과 기술의 발전을 통하여 충분히 가능하다고 보는 이들이 늘어나고 있습니다.

앞에서 잠깐 말했던 트랜스휴머니즘이 바로 과학과 기술의 힘을 빌려서 인간 조건의 한계를 초월해야 한다고 믿는 이들의 주장입니다. 과학기술의 힘의 중심에 바로 인공지능이 있는 겁니다. 트랜스휴머니즘을 연구하고 강하게 주장하며 이끌고 있는 대표적인 미래학자 맥스 모어(Max More)는 트랜스휴머니스트들은 인간의 생물학적이고 유전적인 한계들을 극복하기 위해서 기술공학을 활용해야 하며, 현재의 한계를 가진 인간의 본성은 그저 진화론적인 하나의 지점일 뿐이기 때문에 우리가 바람직하고 가치가 있다고 믿는 방향으로 개조할 수 있다고 말한 바 있습니다.

고통에 대한 기독교적인 접근으로 보았을 때, 인공지능을 비롯한 과학기술이 지향하는 미래의 인간관과 세계관은 매우 우려할 만합니다. 만일 기계와 기술의 도움으로 질병과 고통 없는 삶을 살 수 있다면 인간은 더 이상 고통과 아픔을 통하여 자신과 하나님에 대하여 사유하거나 성찰하지 않을 겁니다. 하나님을 찾기보다 대신 기계를 찾지 않겠습니까? "나는 절대로 그렇게 하지 않을 거야!"라고 확신할 수 있겠습니까? 우리 교회와 그리스도인들이 정신 차려서 영적으로 깨어 기도하고 말씀을 부둥켜안고 살지 않으면 정말로 기가 막힌 현실 앞에서 교회가 속수무책으로 무너져 내리는 광경을 보게 될 수도 있습니다. 물론 하나님의 교회는 하나님께서 지켜 주시고 보호해 주실 거라고 믿습니다.

신학자 김동환은 "인공지능 프로젝트를 정당화하는 목적은 모든 인간 한계의 초월, 궁극적으로는 인간을 닮은 인공지능이 다스리는 유토피아의 건설에 있는 것임을 인식해야만 한다"고 말합니다. 그의 주장처럼 테크놀로지가 인간을 고통과 질병으로부터 영원히 벗어나도록 이끄는 도구가 되는 시대가 오고 있는지도 모릅니다. 하나님께서 허락하신 고통 속에서 삶의 의미를 찾고 더 나아가 하나님의 형상을 닮은 인간의 존엄성을 확인하는 과정은 너무 힘들고 필요 없다고 여겨지는 그런 시대 말입니다. 그 자리에 인공지능을 포함한 테크놀로지가 들어서게 되겠죠.

그렇다면 인공지능이 가져올 이러한 시대적인 모습 속에서 교회와 기독교 신앙의 역할은 과연 무엇일까요? 절망과 좌절과 상처를 안고 기도하며 흐느끼는 교인의 모습 속에서 하나님의 임재하심을 느끼는 기독교의 경험은 어떤 가치와 의미를 가지게 되는 것일까요? 비기독교인은 물론이고 기독교인조차도 불치의 병과 절망의 순간을 지나면서 하나님보다 인공지능을 더 의지하게 된다면 목회자는 어떤 목회적 돌봄을 할 수 있을까요? 인공지능시대가 기독교에 던질 수 있는 다양하고도 실제적인 질문들에 대해서 좀 더 진지하고 비장한 마음으로 준비해야 하리라고 생각합니다.

이것이 내게서 떠나가게 하기 위하여 내가 세 번 주께 간구하였더니

나에게 이르시기를 내 은혜가 네게 족하도다 이는 내 능력이 약한 데서 온전하여짐이라 하신지라 그러므로 도리어 크게 기뻐함으로 나의 여러 약한 것들에 대하여 자랑하리니 이는 그리스도의 능력이 내게 머물게 하려 함이라 그러므로 내가 그리스도를 위하여 약한 것들과 능욕과 궁핍과 박해와 곤고를 기뻐하노니 이는 내가 약한 그때에 강함이라 _ 고후 12:8-10

소그룹 나누기 활동

❶ 질문에 대한 대답을 읽고 배우고 느낀 점을 함께 나누어 보세요. 이해가 안 되거나 궁금한 것이 있으면 서로 도와주세요.

❷ 저자의 말처럼 테크놀로지가 인간을 고통과 질병으로부터 영원히 벗어나도록 이끄는 도구가 된다면, 질병으로 시달리는 사람들에게는 정말 큰 유혹이 아닐 수 없을 것 같은데요. 이에 대해서 함께 이야기 나누어 보세요.

❸ 함께 기도 제목을 나누며 기도합시다.

Q. 11

요즘 인공지능을 활용해서
서비스나 제품에 대한
상담을 하는 기업과 학교들이
제법 많아진 것 같습니다.

또한
인공지능과 관련된 영화를 보면
인간의 다친 마음과 상처를
돌보는 일을 하기도 하는데요.

이러한 인공지능의 상담 기능을
교회에서도 적절하게 활용하면
도움이 될 수도 있을 것 같습니다.

**인공지능이 과연 인간을
위로해 줄 수 있을까요?**

있다면, 사람에 비해서
어떤 장점이 있을까요?

Q.11 인공지능이 과연 인간을 위로해 줄 수 있을까?

요즘 챗GPT를 중심으로 다양한 생성형 인공지능들이 앞다투어 개발되고 선을 보이고 있습니다. 이러한 생성형 인공지능은 우리에게 필요한 다양한 정보와 각종 과제물 및 보고서를 실시간으로 만들어 줄 뿐만 아니라, 사용자가 요구하는 이미지, 음악, 그리고 동영상까지 생성해 주는 서비스도 제공해 줍니다. 이러한 서비스는 지금까지는 인간만이 할 수 있는 고유한 영역이라고 여겨왔는데 이젠 인공지능이 인간 못지않게 수행할 수 있을뿐더러 인간의 창작과 분석 능력을 초월한 작업을 수행할 날도 그리 멀지 않은 것으로 보입니다.

상담이나 돌봄도 아마 인공지능이 인간을 대체할 수 있

인공지능시대, 그리스도인이 꼭 알아야 할 28가지 질문

는 분야 중의 하나일 수도 있습니다. 이 영역은 우리 교회에도 적지 않은 영향을 미칠 수 있는데 목회자나 적절한 훈련을 받은 평신도 리더들이 교회에서 수행하는 중요한 역할 중의 하나가 바로 돌봄과 상담이기 때문입니다. 앞으로 몇 차례의 질문을 통해서 상담과 돌봄의 영역에서 인공지능이 어떤 강점을 가지는지, 그리고 한계점으로는 어떠한 것들이 있을 수 있는지 살펴보도록 하겠습니다.

먼저, 인공지능을 상담에 활용할 때 가장 유용한 점 가운데 하나는 인공지능 상담사의 내담자에 대한 무조건적인 긍정적 존중이라고 생각합니다. 상담의 주요 흐름 중의 하나는 상담사가 내담자에게 모든 것을 지시하고 따를 것을 요구하는 지시형 상담보다는, 가급적 시시콜콜하게 치료 방향이나 전략 등에 대해서 지시하지 않는 비지시적 상담이 더 효과적이라는 것입니다. 그리고 그 중심에 서 있는 것이 로저리언 심리치료의 핵심인 내담자에 대한 상담자의 무조건적인 긍정적 존중입니다. 즉, 진정한 치료는 치료사에 의해서 이루어지는 것이 아니라 상담 과정에서 내담자의 내면에서 발생하는 자연스러운 변화의 결과라는 것입니다.

혹시, 전문상담가나 전문 사역자들로부터 한 번이라도 돌봄이나 상담을 받아본 적이 있는 분들은 무조건적인 긍정적 존중이 얼마나 중요한지를 잘 알고 있을 겁니다.

비단 상담이 아니더라도 병원에서 간호사나 의사를 만날 때도 상대방이 나를 환자로 존중하고 있다는 느낌을 받으면 몸은 아파도 일단 마음이 편해집니다. 언젠가 병원에 갔을 때 의사가 제 말은 들으려고 하지 않고 자기만의 진단과 처방을 하려고 해서 매우 불쾌한 경험을 한 적이 있습니다. 두 번 다시는 그 병원에 가지 않게 되더군요.

이러한 무조건적인 긍정적 존중은 칼 로저스(Carl Rogers)로부터 시작되었는데요, 그의 접근법은 내담자 중심 상담 또는 인간중심 치료라고 부르기도 합니다. 상담사의 내담자에 대한 무조건적인 긍정적 존중은 내담자가 부정적이고 파괴적인 경험들을 다른 시각으로 바라볼 수 있도록 도와줌으로써 보다 긍정적인 자아정체성을 갖도록 하는 데 매우 중요합니다. 그러나 문제는 이렇게 하는 것이 그리 쉬운 일이 아니라는 사실이죠. 다양한 상담치료 이론과 함께 오랜 시간의 숙련과 인간 존중의 철학을 갖추어야만 하기 때문입니다. 아울러 상담사가 관찰자의 역할을 내려놓고 내담자의 태도, 생각, 감정 안으로 자신을 몰입하면서 자신의 경험과 생각 등을 잠시 내려놓아야 하거든요.

예를 들면, 교회에서 목사님이 교인을 대상으로 상담할 때 가장 많이 실수하는 것 중의 하나가 본인의 신앙관이나 열심을 본의 아니게 교인들에게 강요하기 쉽다는 것입니다. 목회자가 가지는 열정과 안타까움이 차고도 넘쳐서 충분히 그럴 수 있는 건데요. 아무리 객관적인 자세로 무비판적으로 교인의 이야기를 듣고 감정을 이해하려고 하지만 어쩔 수 없이 편견과 선입견을 가지기 마련입니다. 그럼에도 불구하고 교인들의 문제와 상처받은 마음과 이야기를 아무 비판이나 정죄함 없이 수용하는 자세가 가장 중요하다는 것을 기억할 필요가 있습니다.

이런 맥락에서 볼 때, 인공지능 상담사는 인간 상담사에 비해서 비교적 용이하게 내담자를 무조건적으로 수용하는 것이 가능하다는 장점이 있습니다. 인공지능은 인간의 이야기를 듣고 객관적으로 판단하거나 자신의 의견을 표현할 수는 있지만, 이야기 안에 들어있는 전체적인 맥락을 주관적인 관점을 가지고 판단할 수는 없기 때문입니다. 인간 상담사가 내담자를 무조건적으로 수용하지 못하도록 만드는 요소 중 하나가 상담사가 가지고 있는 그의 경험과 감정, 생각과 태도거든요.

인공지능 상담사는 인간이 경험하는 구체적이고 현실적인 상황에 대한 직접적인 경험과 그에 대한 생생한 느낌과 기억 등을 가지고 있지 않기 때문에 오히려 객관적으로 내담자의 이야기를 듣고 수용해 줄 수 있는 겁니다. 즉, 인공지능 상담사는 수없이 많은 인간의 경험과 상처 그리고 아픔을 담은 상담 사례에 대한 객관적인 빅데이터를 기반으로 하고 있기 때문에 내담자의 매우 미묘하고 복잡한 이야기와 감정에 대한 옳고 그름의 주관적인 판단을 내리지 않는 것입니다.

따라서 앞으로 인공지능이 지금의 단계에서 더욱 발전하여 전문적인 상담사로서의 역할이 가능하게 된다면, 사람들은 비록 인간이 아닌 기계에 불과하지만 자신의 말을 이해하고 들어주고 질문을 던지기도 하며 돌보아 주는 인공지능 상담사에게 편안함과 안전함을 느낄 수 있을 것입니다. 다른 말로 하면, 상담사가 자신의 경험과 생각과 느낌을 어떻게 받아들일까 하는 부담을 내담자는 가질 필요가 없다는 것입니다. 따라서 인간 상담사에 비해서 오히려 자신을 있는 그대로 받아주는 인공지능 상담사와의 관계에서 상담사-내담자의 협력과 신뢰관계가 좀 더 수월하게 이루어질 수 있을 것으로 보입니다.

소그룹 나누기 활동

❶ 질문에 대한 대답을 읽고 배우고 느낀 점을 함께 나누어 보세요. 이해가 안 되거나 궁금한 것이 있으면 서로 도와주세요.

❷ 인공지능 상담사를 만나게 될 기회가 있다면, 그에게 상담을 받을 의향이 있나요? 있다면 그 이유는 무엇인가요? 아니라면 그 이유는 무엇인가요?

❸ 함께 기도 제목을 나누며 기도합시다.

Q. 12

지난 질문에서
인공지능 상담사가
인간 상담사에 비해
판단이나 감정이입을 하지 않는
무조건적인 긍정적 존중이 좀 더
수월하다는 것을 알았습니다.

실제 상담하는 분들의
이야기를 들어보면,
내담자가 자꾸 자기의 감정을
상담사에게 옮기려고 해서
상담을 진행하는 데 어려움이 있다
고 들었는데요.

그 반대의 경우도 있다고 하고요.

**인공지능 상담사를 활용한다면
어떤 장점이 있을까요?**

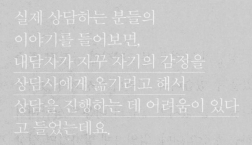

Q.12 인공지능 상담사를 활용한다면
어떤 장점이 있을까?

실제로 인공지능 상담의 장점은 무조건적인 긍정적 존중이외에도 많이 있을 수 있습니다. 지면이 한정되어 있어서여기에서 모두 다룰 수는 없지만 질문의 내용은 상담에서거의 자주 발생하는 현상입니다. 엄밀하게 말하자면 정상적인 상담이 진행되었다면 자연스럽게 일어나게 되는 거랍니다. 그러니까 이상하게 생각할 필요는 없습니다.

　전문적인 용어를 사용하자면, 전이(transference)와 역전이(counter-transference)라고 합니다. 간략하게 설명하면, '전이'는 내담자가 자신의 감정이나 느낌을 상담사 또는 치료사에게 옮기는 것을 말하고, '역전이'는 전이와 반대로 치료사 또는 상담사가 특정 내담자에게 강렬한 감정을 가지게 되는 것을 말합니다.

예를 들어 어느 목사님이, 어릴 때 아버지로부터 학대를 당한 적이 있는 교회 청년을 상담한다고 가정해 봅시다. 몇 차례에 걸쳐서 상담을 진행하는 가운데 이 청년이 아버지에 대한 분노와 두려움을 상담해 주는 목사님에게 표출하는 상황이 발생할 수 있는 겁니다. 그 결과, 비교적 효과적으로 잘 진행되었던 상담이 이전과는 다르게 앞으로 나가지 못하게 됩니다. 자꾸 예상하지 못한 방향으로 청년이 반응하고 감정을 표출하기 때문입니다. 이 경우 처럼 청년이 아버지에 대한 감정을 목사님에게 표출하는 것을 '전이'라고 하합니다.

앞에서 이야기한 대로 그 반대의 경우도 충분히 발생 가능합니다. 즉, 청년의 이야기를 듣던 목사님의 마음에서 문득 화가 치밀어 오르는 것입니다. 그 청년이 너무 불쌍해지고 그의 아버지에 대해서 같은 분노가 일어나는 것이죠. 그 이유를 가만히 살펴보니, 목사님도 어렸을 때 그 청년처럼 아버지에게 언어폭력을 심하게 당한 적이 있는 겁니다. 이 경우, 상담을 해 주는 목사님이 내담자인 청년에게 자신의 감정을 옮기는 것입니다. 이러한 현상을 '역전이'라고 합니다. 이제는 전이와 역전이가 무엇인지 감을 좀 잡았을 거라고 생각합니다.

상담은 매우 역동적인 과정이기에 전이와 역전이는 상담 회기 중에 상담사와 내담자 사이에서 자주 발생하는 현상입니다. 그런데 전이와 역전이가 상담에 부정적인 영향을 미치는 것만은 아닙니다. 오히려 현대 정신분석에서는 전이와 역전이 현상을 상담치료 과정에서 반드시 필요한 요소로 봅니다. 왜냐하면 전이와 역전이를 통하여 내담자의 무의식의 세계를 이해하고 상담사 자신의 내면과 아직 해결하지 못한 문제들을 보도록 하기 때문입니다.

반면 인공지능 상담사와 인간 내담자의 경우에는 전이와 역전이가 발생할 여지가 거의 없다고 해도 무방합니다. 그 이유는 다음과 같습니다. 먼저 전이를 살펴보면 내담자는 인간 상담사에게 느끼는 정도의 감정이나 내면에서 일어나는 마음의 상태를 인공지능 상담사에게서 느낄 수 없기 때문입니다. 전이와 역전이는 논리나 추론이라기보다는 감정의 측면이 강합니다. 인공지능이 아무리 인간과 동등한 수준의 지능을 갖거나 관계성을 형성할 수 있다고 하더라도 인간의 감정과 마음 깊은 곳에서 일어나는 차원을 다루기에는 한계를 가집니다. 인공지능이 내담자의 얼굴과 어투, 몸짓, 억양을 통해서 그의 감정을 읽고 반응할 수는 있겠지만 그것은 어디까지나 인간의 감정의 변화를 주어진 알고리즘 과정을 통해서 논리적인 판단과 추론의 결과로 얻어진 감정의 인식 혹은 지각일 뿐입니다.

이에 반하여 인간의 감정은 논리적인 판단이나 추론 결과와 같은 기계적인 작동을 반드시 거쳐야만 발생하는 것이 아니라, 어떠한 경험 및 상황에 대해서 거의 반사적으로 나타나는 정서적인 반응입니다. 앞에서 이야기한 청년의 경우만 봐도, 청년 자신이 아버지에게 당한 폭력을 목사님에게 이야기하면서 거의 동시에 자신의 마음에서부터 울분, 분노, 모멸감 등이 올라오는 것을 느끼는 것입니다.

목사님의 경우도 마찬가지입니다. 청년의 이야기를 들으면서 일부러 인식하고 느끼는 것이 아니라, 자기도 모르는 사이에 자신의 내면에서 과거의 경험과 감정이 살아 꿈틀대는 것입니다. 살아있는 인간이기에 가능한 것이지요. 이렇게 볼 때, 인간 내담자가 인공지능 상담사에게 자신의 감정을 옮길 가능성은 매우 희박합니다. 그는 이미 인간으로서 자신이 직접 겪었던 부정적이고 파괴적이며 상처받은 경험과 이야기들을 인공지능이 실제 삶 속에서 실제로 경험해 보지 않았다는 사실을 인식하고 있는 것입니다. 오히려 자신의 쓰라린 감정을 인공지능 상담사에게 전이하기보다 앞의 질문에서 다루었던 무조건적인 긍정적 존중을 인공지능 상담사로부터 받기 원하는 것입니다.

역전이의 경우도 마찬가지입니다. 인공지능 상담사는 인간 상담사와 달리 내담자가 갖는 상처와 감정과 아픔을 인지작용으로 인해 감정을 인식하고 느낄 뿐이지 자신의 실제 경험을 통해서 내담자의 상황 속으로 들어가는 것이 아닙니다. 따라서 인공지능 상담사는 내담자의 감정에 과도하게 반응할 수 없는 것입니다. 또한 상담사의 역전이가 발생하려면 상담사 자신이 치유하지 못하거나 해결하지 못한 부정적인 사건이나 감정이 있어야만 하는데 인공지능 상담사는 자신의 기계 장치나 시스템 안에 해결하지 못한 감정이나 사건을 가지고 있지 않기 때문에 역전이가 발생할 가능성이 제로에 가깝다고 해도 무방할 것입니다.

정리하자면, 인공지능과의 상담은 전이와 역전이라는 중요한 정신역동적 현상을 치료적 도구로써 경험할 수 없다는 점에서 커다란 약점을 가질 수는 있습니다. 반면, 인간 상담사에 비해 인공지능 상담사가 적어도 상담사와 내담자간의 경계선 유지와 현실에 대한 객관적이고도 합리적인 인식이라는 측면에서 볼 때 여전히 장점으로 활용할 수 있을 것입니다. 즉, 인공지능 상담사는 상담사와 내담자 사이에서 이루어지는 깊이 있는 감정의 처리에 한계를 가짐에도 불구하고 문제와 감정을 합리적으로 이해하고 분석하여 반응하는 수준에서는 효과적인 역할을 할 수 있을 것입니다.

소그룹 나누기 활동

❶ 질문에 대한 대답을 읽고 배우고 느낀 점을 함께 나누어 보세요. 이해가 안 되거나 궁금한 것이 있으면 서로 도와주세요.

❷ 많은 교회에서 교회학교 교사나 반주자가 부족합니다. 만일, 인공지능 교사나 반주자를 활용할 수 있다면 사용하시겠습니까? 각자의 생각을 나누어 보세요.

❸ 함께 기도 제목을 나누며 기도합시다.

Q. 13

무조건적인 긍정적 존중과 함께
전이와 역전이 현상의 측면에서
가지는 인공지능 상담사의
장점에 대해 잘 배웠습니다.

그런데 인공지능이
상담사 역할뿐만 아니라,
내담자 역할도 할 수 있는 것으로
알고 있습니다.

혹시 이러한 인공지능의
양방향적 기능을 효과적으로
활용한다면 **교회에서
많은 목회자들과 성도들의
돌봄 및 상담 훈련에
도움이 될 수 있지 않을까요?**

Q.13 인공지능이 성도들의 돌봄과
상담 훈련에 도움이 될까?

매우 예리한 관찰이고 의미 있는 질문입니다. 대부분의 사람들이 인공지능 상담하면 가장 먼저 떠올리는 것이 아마도 회사나 은행이나 학교에서 고객을 상대로 정보를 제공해 주거나 도움을 주는 상담 정도일 것 같습니다. 그런데 그러한 고객상담원 역할 뿐만이 아니라, 전문적인 상담과 심리치료 분야에서도 인공지능의 가능성을 시험한 지는 이미 오래되었답니다.

1966년에 조셉 와이젠바움(Joseph Weizenbaum) 교수가 최초로 정신과 의사의 대화방식을 사용한 프로그램인 일라이자(ELIZA)를 개발했으며, 1972년에는 콜비(Colby)와 그의 동료들이 정신분열증 환자를 흉내 내도록 설계한 패리 (PARRY)라는 프로그램을 만들었습니다. 이에 그치지 않고 1975년에는 내담자의 역할을 하도록 설계한 프로그램인 CLIENT1을 개발하기도 했습니다. 이러한 인공지능 상담치료 기능과 더불어 최근에는 인공지능을 갖춘 로봇을 이용하여 언어장애아와의 직접적인 상호작용을 통한 치료를 이끌어내는 기술까지 개발하였는데 즉, 장애가 있는 아이와 친근하게 같이 놀아주는 로봇을 통하여 심리적인 안정감을 보여준다는 것입니다.

위의 사례에서도 알 수 있듯이, 인공지능은 상담사 역할과 아울러 내담자로서의 기능까지도 할 수 있습니다. 따라서 질문하신 것처럼, 이 기능을 교회 현장에서 잘 활용하면 목회적인 돌봄과 상담 훈련을 효과적으로 습득하도록 도울 수 있으리라 생각합니다. 즉, 인공지능을 상담에 응용할 때 나타나는 또 다른 긍정적인 효과는 인공지능 상담사를 활용하여 인간 상담사를 훈련할 수 있다는 것입니다. 이러한 상담과 돌봄에 있어서 인공지능의 효과는 교회에 큰 도움을 줄 수 있습니다.

제가 이렇게 생각하는 데에는 두 가지 이유가 있습니다.

먼저, 교회야말로 돌봄과 상담이 가장 필요한 곳 중의 하나이기 때문입니다. 이 세상에 상처받지 않은 사람도 없고, 문제가 없는 사람도 없습니다. 하나님을 믿고 건강한 삶을 살아가는 교인들도 세상에서 살아가다 보면 다양한 심리적, 관계적, 영적인 문제와 어려움을 겪기 마련입니다. 두 번째 이유는, 교회 안에도 상처로 여기저기 곪아 터진 교인들이 적지 않은데 이들에게 보다 전문적이고 효과적인 공감과 경청의 돌봄과 상담을 제공할 전문 인력이 매우 부족하다는 것입니다.

현실적으로 상담사가 되기 위해서는 전문적인 상담 학위가 있어야 하고 각 상담협회마다 약간의 차이가 있지만 일반적으로 적어도 수백 시간의 임상훈련을 거쳐야 합니다. 상담소나 병원에서 내담자와 환자를 만나 상담 경험을 쌓으며 감독이나 슈퍼바이저의 지도하에 상담록을 작성하고 그 외의 상담사로서 갖추어야 할 전문적인 소양을 키우게 됩니다. 문제는 정신없이 바쁘게 돌아가는 목회현장에서 안수 받은 목회자나 정규 신학교육을 받은 사역자들이 그러한 과정을 따라간다는 것이 어지간해서는 쉽지 않다는 겁니다. 설령, 여건이 된다고 하더라도 상담 기관에서의 훈련이 늘 용이하거나 원활하게 진행되는 것은 아닙니다. 일정한 장소와 시간과 적절한 내담자가 있어야 하는데 어떤 경우에 있어서는 본인에게 적합한 상담소에서 필요한 훈련을 받지 못하고 시간과 정력을 낭비하는 경우도 있으며 합당한 감독을 받지 못하는 경우도 있습니다.

이런 상황에서 인공지능은 보다 효과적으로 상담이나 돌봄을 제공하고자 하는 이들에게 좋은 실습 상대가 될 수 있을 것입니다. 즉, 효과적인 목회적 돌봄과 상담 훈련이 매우 부족한 사역자와 관심 있는 평신도 사역자들에게는 적절한 훈련 상대가 되어 줄 수 있습니다. 인공지능을 활용한 기계가 내담자가 되어 인간 상담사의 상대가 될 수 있으며, 역으로 인공지능이 상담사가 되고 인간이 내담자 역할을 함으로써 상담의 역동적인 과정을 좀 더 실제적으로 이해할 수 있도록 도울 수 있는 것입니다.

물론, 인공지능이 인간과 같은 감정을 표현하고 그에 대한 적절한 반응이 어렵다는 점은 감안할 필요가 있습니다. 그러나 잘 설계된 알고리즘과 인지과학의 도움으로 인간 상담사와 내담자 사이에 전개되는 대화를 인지하고 문제를 이해하며 해결 방안을 찾는 과정에 보조 역할을 할 수는 있을 겁니다.

또한 상담 교육기관에서 인공지능을 실습 프로그램으로 활용하는 것도 가능할 것입니다. 비용이나 활용도 면에서 제한적이겠지만, 인간 내담자를 활용하기가 어려운 경우 혹은 보다 다양한 문제를 다루기 위해서 무수한 상담 사례로 프로그램화된 전문 인공상담 기계는 실제 사례와 유사한 사례와 처리 과정을 보여줌으로써 상담 교육에 획기적인 도구가 될 수 있을 것으로 보입니다.

이 외에도 사역자나 전문상담사가 인공지능 기계를 활용하여 상담하기 전에 미리 예상 가능한 질문과 답을 이끌어 냄으로써 교인이나 내담자에게 보다 명확하고 폭넓은 상담을 제공할 수도 있다는 장점도 있습니다. 경우에 따라서는 직전에 행했던 상담 내용을 인공지능 기계를 대상으로 재생해 봄으로써 이전에 놓친 것이 있는지, 자기와는 다른 이해가 가능한지, 내담자가 나타낼 수 있는 다른 반응은 어떤 것인지를 시뮬레이션을 통해서 파악할 수 있다는 강점도 있습니다.

이렇게 질문에 답하다 보니 생각보다 상담 영역에서 인공지능의 장점이 많은 것 같습니다. 아마 앞에서 이야기한 것보다 효과적인 측면들이 더 많이 있을 것이라고 생각합니다. 반면에, 상담이나 돌봄은 단지 말이나 얼굴 표정뿐만 아니라 인간의 내면에서부터 나오는 미묘한 정서를 감지해 내야 한다는 점에서 인공지능 상담사의 한계 역시 분명히 있을 것입니다. 다음 장부터 몇 차례에 걸쳐서 인공지능 상담사의 한계에 대해서 다루어 보려고 합니다.

소그룹 나누기 활동

❶ 질문에 대한 대답을 읽고 배우고 느낀 점을 함께 나누어 보세요. 이해가 안 되거나 궁금한 것이 있으면 서로 도와주세요.

❷ 만일 섬기는 교회의 교인들이 인공지능 상담사를 교회에 도입하자고 한다면 어떤 반응을 보이시겠습니까?

❸ 함께 기도 제목을 나누며 기도합시다.

Q. 14

인공지능을 상담 사역에
활용할 때의 효과에 대해
잘 알게 되었습니다.

많은 도움이 되었습니다.

그러나 사람이 만든 인공지능이
상처받고 가슴 아픈 인간의 마음을
완전히 이해할 수는 없다고
생각합니다.

**인공지능 상담사의 한계도
분명히 있지 않을까요?**

이에 대하여 좀 더 구체적으로
알고 싶습니다.

Q.14 인공지능 상담사의 한계는 무엇일까?

인공지능이 인간 내면에서 이루어지는 매우 미묘한 감정과 마음 상태까지 깊이 살필 수는 없을 것이라고 생각합니다. 사실 인간의 마음은 차치하고서라도, 인간 언어의 미묘한 의미 변화를 인공지능이 인간만큼 포착하기란 매우 어렵습니다. 이것은 일반 사람은 물론이고 전문적으로 훈련받은 인간 상담사도 감정과 마음의 세밀한 변화가 담긴 상대방의 말의 의미를 제대로 파악하는 것이 어려운 경우가 많습니다.

인공지능을 상담에 응용할 때 가장 어려운 요소는 인공지능이 인간의 언어의 복잡한 구조와 의미의 변화를 이해해야만 한다는 것입니다. 예를 들면, "오늘은 주일이며 교회에 가서 하나님께 예배를 드린다"는 말을 인공지능이 각 단어의 뜻은 물론이고 전체 문장이 무엇을 의미하는지를 이해해야만 한다는 것이지요. 만일 인공지능이 각 단어의 뜻만 알 뿐 전체 의미를 파악하지 못한다면 더 이상 대화형 혹은 생성형 인공지능으로서의 역할을 하지 못하게 되는 거지요.

이런 모든 과정을 자연어 처리 과정(natural language processing)이라고 부릅니다. 이미 질문 1에서도 다룬 바 있는 자연어 처리는 컴퓨터가 인간의 언어의 구와 절과 문장을 이해하고 해석하며, 질문에 답하고 상대방의 말을 명료화하기 위해서 질문을 던지는 행위 등을 하도록 프로그램화하는 것입니다. 컴퓨터가 우리가 하는 말을 듣고 그 의미를 파악해서 다시 우리에게 글이나 음성으로 반응하며 인간과 자연스럽게 소통한다는 것은 불과 수십 년 전만 해도 매우 어려울 것이라는 비판적 의견이 대세였습니다.

1966년에 나왔던 일라이저(ELIZA)와 1972년에 선보였던 패리(PARRY)는 컴퓨터가 과연 인간의 언어를 어느 정도까지 이해하고 반응할 수 있는지를 실험한 기념비적인 시도라고 할 수 있습니다. 하지만 그러한 시도는 컴퓨터가 인간 수준으로 상담과 심리치료에 활용되기까지 상당히 어려운 난관이 있음을 확인시켜 주었는데, 가장 큰 이유가 바로 자연어 처리입니다. 그런데,50여년이 지난 지금, 우리는 인공지능과 인간이 소통하고 있는 시대에 살고 있습니다. 이것을 가능하게 해 준 것이 바로 앞에서 설명했던 머신러닝과 딥러닝 기술입니다.

그러나 인공지능이 아무리 인간의 언어를 모방하고 창작의 수준까지 왔다고 하더라도, 인간을 돌보고 상담하며 인간을 이해하는 데는 근본적인 한계가 있을 수밖에 없습니다. 가장 단순하게 말하면 인공지능은 인간이 아니기 때문이죠.

인간의 언어는 프로그램화된 알고리즘을 따라서 정확하고 질서정연하게만 이루어지는 것이 아닙니다. 심지어 인간 상담사조차도 내담자의 언어와 표정에서 그가 무엇을 생각하고 의도하고 있는지를 정확하게 읽어내기가 쉽지 않습니다. 다음의 예를 한 번 생각해 보세요.

상담사: 그토록 미워하고 저주한다던 아버지를 만난 기분이 어떤가요?
내담자: 정말이지 너무나 싫어서 용기를 내어 만났지만, 막상 그를 보니 죽이고 싶었어요.

상담사: 네. 어렵게 용기를 낸 거 아닌가요?

내담자: 그랬었죠. 그런데 그를 보는 순간, 제가 용서할 수 있을 것만 같았던 일들이 다시 떠오르고, 그 순간 분노가 치밀어 올랐어요.

상담사: 저에게 이야기하지 않았던 일들이 혹시 있나요?

내담자: 무엇을 먼저 말해야 좋을지 모르겠어요.

위의 예는 실제 상담 현장에서 흔히 볼 수 있는 대화입니다. 상담사는 이러한 대화를 나누면서 내담자의 표정과 어투 그리고 대화 내용을 치밀하게 살핍니다. 그의 말과 얼굴 표정과 감정에서 서로 다른 점은 없는지, 앞뒤가 맞지 않는 부분이 있는지, 내담자가 말하기 힘든 부분은 무엇인지를 인지하려고 하는 것입니다. 이러한 작업은 언어를 이해하고 해석하는 프로그램화된 알고리즘에 의해서 이루어지지 않습니다.

교회에는 매우 다양한 사람들이 있습니다. 직분도 목사나 전도사와 같은 전문 사역자, 장로와 권사 및 안수집사 등의 직분자, 교육부서, 성가대, 차량 봉사팀, 주방 봉사팀 등등. 매주 교회 안에서는 다양한 교인들 사이에서 역동적인 관계와 대화가 이루어지는 겁니다. 우리는 그러한 대화 속에서 우리 뇌에 입력되어 있는 알고리즘에 따라서 이야기하고 서로를 이해하지 않습니다. 물론 때로는 편견이나 선입견 같은 일종의 프로그램화된 경험이 있어서 고정된 반응이나 이해를 하는 경우가 있기는 합니다. 그러나 사람들 사이에는 프로그램화된 계산이나 인지를 초월한 그 무엇이 있습니다. 인간 사이의 대화에는 그의 성격, 살아온 이야기, 현재 그가 처한 상황 등이 종합적으로 들어있는 것입니다.

이런 맥락에서 인공지능 상담사가 어느 정도 인간의 언어를 이해하고 분석하며, 질문을 던지고 내담자의 얼굴 표정과 말의 속도와 음색을 통해서 상대방의 감정을 읽어낼 수는 있을지 모르지만 인간 상담사가 행하는 수준의 자연어 처리를 그대로 할 수는 없다고 생각합니다. 왜냐하면 이것은 과학과 기술을 뛰어넘은 염색체와 피와 세포와 마음으로 이루어진 인간 사이에서만이 가능한 정서적 언어이자 경험적 언어이기 때문입니다.

인간의 언어에는 우리만이 가질 수 있는 정서와 경험이 스며들어 있다는 사실을 인공지능시대에 잊지 않아야 합니다. 챗GPT뿐만이 아니라 다양한 생성형 인공지능이 경쟁하듯이 앞다투어 개발되고 있습니다. 매머드급 기업들 사이의 치열한 경쟁을 보면서 인간이 인공지능 기계에게 돌봄과 상담과 위로를 찾을 날이 아주 가까이 왔다는 생각을 하게 됩니다. 인간은 인간만이, 그리고 더 나아가 인간의 깊은 내면에 흐르는 정서는 완벽하게 만들어진 것처럼 보이는 기계가 아니라 우리를 창조하신 홀로 완전하신 하나님만이 만져줄 수 있다는 진리를 더욱 굳세게 붙들어야 하지 않을까 싶습니다.

소그룹 나누기 활동

❶ 질문에 대한 대답을 읽고 배우고 느낀 점을 함께 나누어 보세요. 이해가 안 되거나 궁금한 것이 있으면 서로 도와주세요.

❷ 챗GPT와 같은 인공지능 목사의 설교를 듣는다면, 저자가 언급한 '정서적 언어' 또는 '경험적 언어'의 측면에서 생각해 보고 함께 나누어 보세요.

❸ 함께 기도 제목을 나누며 기도합시다.

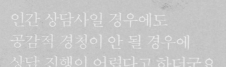

Q. 15

흔히 돌봄이나 상담을
이야기할 때, 공감과 경청이
중요하다고 합니다.

인간 상담사일 경우에도
공감적 경청이 안 될 경우에
상담 진행이 어렵다고 하더군요.

그럴 때는 차라리 인공지능과
상담하는 것이 더 낫겠다 싶을 때도
있다고 합니다.

**인공지능 상담사는
어느 정도의 공감적 경청이
가능할까요?**

Q.15 인공지능 상담사는
어느 정도의 공감적 경청이 가능할까?

맞습니다. 누군가를 돌봐주거나 상담할 때 가장 중요한 것 중의 하나가 공감적 경청입니다. 효과적인 경청이 없이는 내담자의 문제에 대한 깊은 탐색이 열린 마음으로 이루어지기 어렵기 때문입니다. 마음이 아프고 힘들어 지쳐 있을 때에 내 마음과 감정을 있는 그대로 받아주고 함께하는 사람만큼 위로가 되는 이는 없을 겁니다. 그만큼 상담 관계에서 내담자의 이야기를 잘 들어주는 것은 필수적입니다.

그런데 아쉽게도 많은 목회자들이 제대로 훈련받지 못한 부분이 바로 공감적 경청입니다. 목회자이기에 당연히 할 수 있다고 생각할지도 모르지만, 생각보다 쉽지 않은 기

인공지능시대, 그리스도인이 꼭 알아야 할 28가지 질문

술이지요. 우리는 여기서 동정과 공감을 구분할 필요가 있답니다. 동정은 상대방의 말과 감정을 느끼면서 그를 불쌍하게 여기는 것이고, 공감은 불쌍히 여기는 것을 뛰어넘어 그의 생각과 감정 및 마음과 함께하는 것입니다.

어쩌면 고도의 과학기술을 이용한 인공지능은 인간과 대화를 나누면서 인간에 대한 동정의 감정을 가질 수는 있을 것이라고 생각합니다. 사실 이것도 매우 어려운 일이지만 생성형 인공지능 챗GPT의 발전 속도를 보았을 때 인간과의 대화 속에서 인간의 감정과 느낌을 읽어내어 위로를 주는 인공지능 로봇의 출현은 가까운 미래에 이루어질 것으로 보입니다. 다음의 예를 들겠습니다.

내담자: 혹시 집 뜰에 큰 나무가 있나요?
인공지능 상담사: 네, 있어요. 혹시 당신 집에도 있나요?

내담자: 네, 있지요. 아주 아름다운 오래된 나무가 있어요. 그렇지만 속
　　　　이 많이 썩어 있어서 죽어 가고 있는 것 같아요. 차라리 잘라
　　　　내는 것이 더 나을지도 몰라요.
인공지능 상담사: 맞아요. 나무가 썩으면 잘라내는 것이 더 좋겠네요.

여기까지의 대화 정도면 치밀하고 정교한 알고리즘으로

개발된 인공지능 상담사도 충분히 이해하고 사람에게 동정을 느끼는 것이 가능할 겁니다. 자연어 처리를 실행하기에 어려운 단어나 구나 문법 체계가 없어 보입니다. 질문으로 반응하고 집, 나무, 아름다운, 오래된, 썩은, 잘라냄 등의 단어는 알파고 정도의 인공지능 수준이라면 이해가 가능하고 인간과 대화할 수 있는 것입니다.

그러나 공감적 경청 수준으로 들어가면 상황이 달라질 수 있습니다. 공감이 무엇일까요? 여러 가지로 정의할 수 있겠지만 간단히 말해서 공감은 내담자가 보는 것처럼 세상을 보는 것이며, 내담자가 자기 자신에 대해 느끼는 것처럼 상담사도 그렇게 느끼는 것입니다. 그러니까 공감적 경청은 정교하게 짜여진 기계적인 장치를 통해서 얻어진 추론적인 이해와 수용에서 나오는 것이 아닙니다. 즉, 단순히 인간의 언어를 이해하고 분석하며 얼굴 표정과 어조를 탐색해서 반응하는 것이 아닙니다.

다음에 이어지는 상담 대화를 상상해 봅니다.

인간 상담사: 혹시 당신의 속이 썩어져 가는 것처럼 느끼고 있는 것은 아닌지요?

내담자: 글쎄요….

인간 상담사: 이러한 느낌이 당신의 내면에서 일어나고 있는 것같이 들리는데요.

내담자: 지금, 제 삶이 무너지고 있는 것 같아 보이나요?

인간 상담사: 아마도 자기 자신을 썩은 나무에 비유하는 것을 볼 때, 그것이 지금 당신의 상태를 말해주고 있다고 생각해요.

내담자: 한때는 저도 아름다운 나무였었죠….

첫 번째 대화에 이어서 진행되는 내용은 단지 표면적인 단어나 구와 절로 이루어진 문장 구조 이상의 비유적인 표현들을 담고 있습니다. 내담자는 단지 집에 서 있는 오래된 썩은 나무와 나무가 썩으면 잘라내야 한다는 사실에 대해서 말하고 싶은 것이 아니라, 자신이 마치 썩은 나무 같고 잘라내야 하는 썩은 나무처럼 이제 인생의 아무런 의미도 없기에 포기해야 하는 것이 아닌가 하는 허무한 느낌과 감정을 호소하고 있는 것입니다. 그러한 그의 마음을 읽기 위해서는 적절한 수준의 공감 능력이 필요합니다.

반면에 인공지능이 은밀하고 미묘하게 숨어있는 말하는 이의 내면을 훑기를 기대할 수 있을까요? 저는 할 수 없다고 생각하며, 이것이 인간과 인공지능 기계와의 좁힐 수 없는 차이라고 믿습니다. 물론 이 책 앞부분에서 이야기한 것처럼 미리 정해진 알고리즘 프로그램에 따라서 문제를 분석하고 해결하는 약한 인공지능(weak AI)을 넘어선 사람과 같거나 사람을 능가하는 자율적인 의식을 가진 강한 인공지능(strong AI)이 출현하는 것은 시간문제라고 여겨집니다. 강한 인공지능이 인간의 말을 이해하며 분석하고 노출된 감정을 인식하여 판단하는 기능을 할 수는 있을 것입니다.

그러나 인간의 내면과 복잡 미묘한 감정의 흐름을 탐색하고 잡아내며 공감해야 하는 전문상담사로서의 역할에 있어서는 기계가 가지는 근본적인 한계가 있는거죠. 구본권은 로봇은 인간과 같은 감정을 지닌 존재가 아니라 감정을 지닌 것처럼 보이도록 설계된, 이른바 '감정연기로봇'이라고 주장합니다. 즉, 로봇이 표현하는 감정은 개발자의 의도와 설계에 따라 형성되는 감정이라는 것입니다. 또한 노린 헐즈펠드(Noreen Herzfeld)는 우리가 인공지능을 비롯한 컴퓨터가 표출하는 공감에 의지할 때 실망하고 때로는 위험할 수 있는데, 가장 큰 이유는 컴퓨터는 감정을 모방할 뿐이며 진정한 공감적 감정을 느끼지 못하기 때문이라고 지적하고 있습니다.

구본권과 헐즈펠드는 매우 중요한 과제를 인간에게 던

지고 있습니다. 인간과 기계가 결합한 사이보그(cyborg)가 아닌, 하나님의 형상으로 창조된 진정한 인간만이 실제로 가지고 있고 느끼고 경험할 수 있는 감정, 그리고 정서의 교감과 소통과 공감이 주는 의미와 가치를 재탐색해야만 하는 것입니다. 특히, 인공지능시대를 살아가야만 하는 이 시대의 그리스도인들은 마음 깊은 곳에서부터 우러나오는 하나님께서 주시는 공감의 마음으로 더욱 서로의 상처와 아픔을 경청할 필요가 있습니다.

정교하고 방대한 데이터를 소유하고 자율 의지를 가진 인공지능이 아무리 우리를 위로하고 돌보려고 해도 그것은 '진짜' 아픔, 고통, 불안, 희망, 사랑 등을 경험하지도 않았으며 가지고 있지도 않습니다. 우리의 치유와 희망의 기초를 거기에다 둘 수는 없는 노릇 아닙니까? 두려운 것은 프로그램화된 감정을 자율적으로 작동하며 인간을 상담하는 기계의 모습이 실현된다면 인간은 다른 인간과의 감정적 및 정서적 교류와 이해뿐만이 아니라 인간의 궁극적인 중재자요 위로자인 하나님을 더 이상 필요로 하지 않으며 찾지 않을지도 모른다는 불안입니다.

진정한 공감적 경청은 인간을 창조한 하나님으로부터

나오는 것입니다. 그리고 그러한 하나님을 믿고 찾는 인간들이 서로를 향한 공감적 경청을 성실하게 행할 때 기계가 소통하는 나라가 아닌, 진정한 하나님의 나라가 임하게 될 것입니다.

소그룹 나누기 활동

❶ 질문에 대한 대답을 읽고 배우고 느낀 점을 함께 나누어 보세요. 이해가 안 되거나 궁금한 것이 있으면 서로 도와주세요.

❷ 인간의 감정을 지닌 인공지능과 인간 상담사, 여러분은 누구와 상담하고 싶으신가요? 그 이유는 무엇입니까?

❸ 함께 기도 제목을 나누며 기도합시다.

Q. 16

인공지능을 상담에 활용할 때
나타나는 다양한 장점과
한계들이 있음을 알았습니다.

상처와 아픔을 가지고 있는
교인들을 교회에서
신앙적·기독교적으로
돌보거나 상담하는 것은

일반 상담심리 치료와는
여러 가지 측면에서
다르다고 알고 있습니다.

**기독교적 상담에서
인공지능을 활용할 때
가장 주목해야 할 한계로는
무엇이 있을까요?**

Q.16 기독교적 상담에서
인공지능을 활용할 때 주목해야 할 한계는?

매우 좋은 질문입니다. 일반적인 상담 영역에서도 인공지능을 활발하게 활용하고 있지만 지금과 같이 챗GPT 등이 계속 발전해 가면 그리스도인들도 인공지능에게 도움을 구하는 시대가 오기 마련이겠지요. 그때를 미리 준비하는 마음으로 신앙적이고 기독교적으로 인공지능에 대한 건강한 이해가 반드시 필요합니다. 제가 이 책을 쓰는 이유이기도 하지요.

교회 사역의 다양한 영역에서 인공지능을 활용할 수 있을 겁니다. 예를 들면, 설교 작성, 교회학교 커리큘럼, 찬양 등등에서 말입니다. 물론 질문하신 것처럼, 목회적인 상담에서도 예외는 아닙니다. 질문 11번부터 14번까지 상담 영역에서 인공지능 활용의 장점과 한계에 대해서 자세하게 말했는데 여기서는 인공지능과 교회 현장에서의 상담과 돌봄 사이의 관계를 중점적으로 살펴보도록 하겠습니다.

앞에서 이야기한 인간의 자연어 처리 과정과 공감적 경청 등에서 나타날 수 있는 인공지능 상담사의 한계들은 인공지능 상담사와 인간 상담사 사이에서 대조되는 부분들입니다. 반면에 교회에서 목회자와 교인, 교인과 교인 사이에서 이루어지는 기독교적인 상담의 측면에서 보았을 때 인공지능 상담사와 사역자 사이의 가장 커다란 차이는 내담자에 대한 신앙적, 영적, 신학적인 탐색 여부입니다.

교회에서 행해지는 기독교적 상담은 교인들이 문제와 상황을 대면하고 올바로 이해해서 가장 효과적으로 문제를 해결하도록 하는 데에 그치지 않습니다. 물론, 이러한 일들이 매우 중요하기는 하지만 그러한 기능들은 이미 일반 상담치료에서도 실행하고 있는 것들입니다. 반면에 교회에서 그리스도인들을 대상으로 이루어지는 기독교적인 상담은 이에 더 나아가 교인들이 자신의 문제와 고통과 어려움에서 삶의 의미와 가치를 신앙적이고 영적으로 발견하며 하나님의 인도하심을 경험하도록 하는 데 주요 목적을 둡니다. 정리하면 단순한 문제의 해결이 아니라 인간, 삶, 보람, 가치, 신앙, 하나님과의 관계 등에 대한 보다 깊은 탐색이야말로 기독교적 상담이 지향하는 목적이라고 할 수 있습니다.

인공지능이 아무리 발전의 발전을 거듭한다고 해도 기독교적인 상담을 할 수는 없을 거라고 생각합니다. 이유는 아주 단순합니다. 인공지능은 하나님을 경험하지 않았고 할 수도 없는 기계에 불과합니다. 아무리 사람의 모습과 지능을 모방한다고 해도 인간의 심령에 주어진 하나님의 호흡을 인공지능 기계는 가지고 있지 않다는 것입니다.

한편으로는 인공지능에게 엄청나게 많은 기독교 자료를 학습하게 해서 각 교인에게 최적화된 기독교 모델을 만들 수 있을 것이며, 그렇게 되면 기독교 교리와 성경을 학습한 인공지능이 하나님의 존재 여부를 시뮬레이션할 수도 있을 것이라는 반론을 제기할 수도 있을 겁니다. 설령 앞에서 말하고 있는 것처럼 인공지능이 기독교와 관련된 방대한 자료를 가지고 시뮬레이션하여 종교의 역할을 실행하게 할 수 있다고 가정해 보기로 하죠. 그렇다면 과연 온갖 기독교의 이론과 교리와 의식들을 빅데이터화해서 인공지능이 자율적으로 분류하고 실행한 기독교적 판단과 교리들이 진정으로 기독교적일 수 있을까요? 분명한 것은 인공지능이 만들어낸 신이나 종교는 기독교가 말하는 하나님이 될 수 없으며 기독교를 대체할 수 없다는 점입니다.

인공지능은 지금도 살아 계시고 역사하시는 하나님의 계획에 참여할 수 있는 존재가 아니라 단순히 인간에 의해 만들어진 기계들입니다. 당연히 인공지능을 가진 인공지능 로봇은 초월자이신 하나님에 대한 믿음과 경외심을 가질 수 없습니다. 이 점이 인공지능 상담사가 기독교적인 상담을 할 수 없으며, 목회자나 기독교 상담사를 절대로 대체할 수 없는 분명한 이유입니다. 그리스도인이 21세기의 과학 기술 혁명이 만들어낸 인공지능 상담사 앞으로 가서 자신의 아픔과 상처와 문제를 털어놓고 위안을 받으려고 해서는 안 된다는 것입니다.

목회자나 기독교적 상담사가 빠르고 정확한 추론과 논리력을 가지고 판단하며 답을 찾는 인공지능 상담사에 비해서 속시원한 답을 내놓지 못할 수도 있을 겁니다. 시간이 더 걸릴 수도 있겠죠. 모든 문제에 직면하여 빈틈없고 명확하며 분명하지 않을 수 있고 때로는 매우 혼란스럽고 애매모호할지도 모릅니다. 그러나 그리스도인으로서 우리가 잊지 말아야 할 것은 돌봄과 상담의 현장에서 일하시는 하나님의 자리를 잊지 않아야 한다는 것입니다.

인간이 만든 기계 우상이 인간을 전혀 따라올 수 없고 닮을 수 없으며, 초월할 수 없는 것이 있다면 바로 하나님에 대한 경험과 갈망일 것입니다. 우리 교회가 그리고 목회자를 비롯한 그리스도인들이 이 분명한 사실을 놓친다면, 어느 사이에 교회 문턱까지 침투해 버린 인공지능의 위세에 십자가의 자리를 내줄 수도 있을 것입니다.

소그룹 나누기 활동

❶ 질문에 대한 대답을 읽고 배우고 느낀 점을 함께 나누어 보세요. 이해가 안 되거나 궁금한 것이 있으면 서로 도와주세요.

❷ 훨씬 더 똑똑한 인공지능이 교회까지 들어올 가능성이 높습니다. 저자는 "돌봄과 상담의 현장에서 일하시는 하나님의 자리를 잊지 않아야 한다는 것입니다"라고 강조합니다. 이에 대한 각자의 생각을 함께 나누어 보세요.

❸ 함께 기도 제목을 나누며 기도합시다.

PART 3

인공지능,
트랜스휴머니즘,
그리고 인간 이해

Q. 17

인공지능 개발 속도와
방향에 대해서
우려하는 기사나 글을 보면
'트랜스휴머니즘(transhumanism)'이라는
용어를 자주 볼 수 있는데요.

트랜스휴머니즘이란 무엇인가요?

트랜스휴머니즘과
**포스트휴머니즘(posthumanism)은
어떻게 다른가요?**

그리고
그리스도인으로서
**트랜스휴머니즘에 관심을
가져야 하는 이유는 무엇인가요?**

Q.17 트랜스휴머니즘이란 무엇인가?

트랜스휴머니즘은 인공지능을 설명할 때 잠깐 언급한 적이 있는데 앞으로 여러 차례에 걸쳐서 이 책에서 주로 다루고 있는 소재인 인공지능을 트랜스휴머니즘과 연결해서 알아보겠습니다. 흔히 21세기를 4차 산업혁명 시대라고 부릅니다. 가정, 사무실, 공장, 병원 등을 포함한 일상적인 생활에서 4차 산업혁명 기술을 활용한 기계들을 심심찮게 목격하고 직접 활용하고 있습니다. 예를 들면, 스마트폰이나 냉난방 시스템에서 사용하고 있는 인공지능을 이용한 음성인식 작동기능, 은행과 공공기관에서 등장하고 있는 인공지능 상담사와 인공지능 안내원, 이미 시험을 거쳐 상용화 단계를 기다리고 있는 무인자동차라고 불리는 자율주행차, 그

인공지능시대, 그리스도인이 꼭 알아야 할 28가지 질문

리고 병원에 등장하고 있는 인공지능 간호사 등은 4차 산업혁명 기술을 활용하여 개발된 것들입니다.

많은 기술개발자들과 미래학자들은 이러한 4차 산업혁명을 주도하는 핵심 기술 영역으로 나노기술, 생명공학, 신경과학기술, 로봇공학, 정보과학, 인지과학, 컴퓨터 공학 등을 꼽고 있으며, 이러한 각 영역에서의 발달이 서로 융합하여 지금의 그리고 미래의 인간의 삶을 주도할 것으로 예상하고 있습니다. 아울러 21세기 과학과 기술의 진보와 향상의 중심에 서 있는 것이 4차 산업혁명의 총아라고 할 수 있는 인공지능입니다.

위에서 언급한 과학기술 분야의 혁신적인 발달을 일컫는 4차 산업혁명은 단순히 과학과 기술적인 차원에서의 혁신적인 변화만 가져온 것이 아닙니다. 바로 트랜스휴머니즘(transhumanism)이라는 지적, 문화적 운동을 포스트모더니즘 이후의 지배적인 사조로 등장시킨 것입니다. 아마도 대다수의 독자들에게는 이 용어가 그리 익숙하지 않을 거라고 생각합니다. 그러나 한번 알아두면 인공지능을 좀 더 효과적으로 이해하는 데 매우 유용하기에 잘 익혀두면 도움이 되리라 생각합니다.

트랜스휴머니즘은 요즘에 처음 만들어진 말이 아니라 이미 1960년대에 등장했는데 그다지 많은 관심을 받지 못하다가 최근 들어 인공지능이 초미의 관심으로 부각되면서 부상하고 있는 것이지요. 일반적으로 트랜스휴머니즘은 현대 과학과 기술을 이용하여 인간의 신체적, 정신적, 심리적, 감정적인 약점과 한계를 극복하고 초월하려는 모든 지적, 문화적, 철학적인 운동 혹은 사조라고 알려져 있습니다.

트랜스휴머니즘은 신체적, 정신적으로 많은 한계를 가진 불완전한 인간이 인공지능을 비롯한 기계의 힘을 빌려서 인간의 유전적인 약점을 극복하는, 이른바 인간 향상 혹은 인간 증강(human enhancement)을 강하게 주장하며 옹호하고 있습니다. 한마디로 말해서 인간 향상을 통하여 인간의 한계를 초월한 상태의 인간의 모습이야말로 미래 인류가 나아가야 할 방향이라는 것입니다.

여기서 '인간 향상', '인간 증강'이라는 낯선 단어들이 나오는데 이렇게 이해해 보시기를 바랍니다. 인간은 모두 기본적으로 유전적이고 생리학적인 결함을 가지고 있습니다. 온갖 바이러스에 걸려서 엄청 고생합니다. 멀리 갈 것도 없이 2020년부터 2023년까지 약 3년 동안 세계는 코로나19

로 인하여 엄청난 홍역을 치렀습니다. 막대한 인명 피해와 경제적 손실, 그리고 앞날의 불안감과 박탈감 등등. 문제는 여기서 그치는 게 아닐 거라는 겁니다. 언제, 어디서, 어떤 바이러스가 나타나서 또 온 인류를 공포의 도가니로 밀어 넣을는지 알 수 없습니다.

그런데 인공지능 기술과 트랜스휴머니즘의 사조가 어우러져 '인간 증강'을 통해 이제 인간이 바이러스에 전혀 걸리지 않는 새로운 생리학적인 존재로 거듭날 수 있다는 거죠. 아니, 그렇게 해야만 하는 겁니다. 이게 바로 그들이 주장하는 인간 향상 혹은 인간 증강이라는 것으로 매우 비현실적인 논리 또는 주장으로 보입니다.

한편, 트랜스휴머니즘과 맥을 같이하며 때로는 동의어로 쓰이는 용어가 포스트휴머니즘(posthumanism)입니다. 포스트휴머니즘은 휴머니즘 '이후' 혹은 '초월하는'이라는 뜻인데, 우리말로 후기인본주의 또는 탈인본주의 정도로 번역할 수 있겠습니다. 포스트휴머니즘의 근간을 이루고 있는 생각은 더 이상 인간을 중심으로 사회, 문화, 세상을 이해하지 않아야 한다는 것입니다. 즉, 인간 역시 다른 동물과 식물 그리고 자연물처럼 전체 생태계를 이루는 한 부분으로 보는 것입니다. 포스트휴머니즘에 대해서는 이 정도로 해 두겠습니다.

트랜스휴머니즘은 기존의 인간 본성의 개념을 완전히 초월한다는 점에서 포스트휴머니즘과 일맥상통한다고 볼 수 있지만 앞에서 말한 몇 가지 점에서 상이합니다. 먼저 트랜스휴머니즘은 반휴머니즘적인 성향보다는 인간과 기계의 공존을 통하여 인간 본성의 약점과 한계를 극복하고 향상시키려는 데 목적을 두고 있다는 점입니다. 그리고 4차 산업혁명을 가져온 과학기술 분야의 발전을 통하여 인간의 질병과 노화, 우울증과 분노, 심지어 죽음의 영역조차도 뛰어넘을 수 있다고 믿습니다. 인공지능 설계자들은 인간과 기계의 융합은 인간의 신체 및 정신 능력의 증강뿐만 아니라, 실제로는 기계를 만든 인간을 대신할 것이라고 예상합니다. 한마디로 말해서, 인간과 기계가 한 몸에 상생하는 새로운 인간종(種)의 탄생을 추구하는 것입니다.

트랜스휴머니즘을 가장 선두에서 이끌고 있는 주요 인물로는 닉 보스트롬(Nick Bostrom)과 맥스 모어(Max More)를 꼽을 수 있습니다. 옥스퍼드 대학교의 교수이자 철학자인 보스트롬은 트랜스휴머니즘은 기술을 사용하여 노화를 제거하고 인간의 지적, 육체적, 심리적 능력을 강화시킴으로써 인간의 조건을 근본적으로 개선하려는 시도의 바람직한 가능성을 긍정하는 지적, 문화적 운동이라고 말한 바 있습니다. 또한 미래학자인 모어는 트랜스휴머니즘은 과학과 기술에 의해서 현재의 인간의 모습과 한계를 초월하는 지적인 삶의 진화의 연속과 촉진을 도모하는 일종의 삶의 철학이며, 삶을 향상시키는 원리와 가치를 따른다고 정의합니다.

트랜스휴머니즘을 한마디로 정의하는 것은 쉽지 않은 일이지만 그 지향점은 분명한 것 같습니다. 즉, 병듦, 노화, 죽음과 같은 현재 인간이 지니고 있는 생물학적인 조건의 한계를 초월하는 완전히 다른 인간종으로 나아가는 것이며, 이것은 기술의 발달을 통한 인간과 기술의 결합으로 가능하다고 주장하고 있는 겁니다.

여기까지 말을 듣고 보니 좀 섬뜩합니다. 질병, 노화, 죽음과 같은 인간의 생물학적인 한계 조건이 과학과 기계의 힘을 빌려서 극복하고 초월할 수 있는 것일까요? 정말 그게 가능하다면 인류는 행복할까요? 인간이 필연적으로 경험할 수밖에 없는 절망을 뇌과학, 인지과학, 인공지능 기술로 제거 혹은 아예 절망을 느끼지 못하도록 인간을 프로그램화할 수 있다면 절망을 통한 비통과 상처를 느끼지 못하는 인간이 하나님을 찾지는 않을 거라고 생각합니다.

이제 앞으로 몇 차례의 질문을 통하여 지금까지 이야기한 트랜스휴머니즘이 가지고 있는 인간 이해의 핵심 내용에 대하여 좀 더 살펴보려고 합니다.

소그룹 나누기 활동

❶ 질문에 대한 대답을 읽고 배우고 느낀 점을 함께 나누어 보세요. 이해가 안 되거나 궁금한 것이 있으면 서로 도와주세요.

❷ "질병, 노화, 죽음과 같은 인간의 생물학적인 한계 조건이 과학과 기계의 힘을 빌려서 극복하고 초월할 수 있다면 정말 우리는 행복할까요?"라고 저자는 묻습니다. 각자의 생각을 함께 나누어 보세요.

❸ 함께 기도 제목을 나누며 기도합시다.

Q.18

트랜스휴머니즘에 대해
매우 생소했는데, 막상 알고 보니

인공지능시대에 인간 존재에 대한
과학기술의 왜곡된 이해가
우리 교회와 기독교에 강력한
도전이 되고 있는 것 같습니다.

더욱이 기독교적 인간관과
세계관이 날이 갈수록 퇴색되어
가고 있는 요즘 시대에 심각한
위기를 가져올 것으로 보입니다.

좀 더 구체적으로,
**트랜스휴머니즘의
인간에 대한 이해는 어떠한가요?**

**특히 그리스도인으로서
어떤 것들을 꼭
알아야 할 필요가 있을까요?**

Q.18 트랜스휴머니즘의 인간에 대한 이해는 어떠한가?

지금 우리는 인공지능을 비롯한 과학기술계가 만들어 내고 있는 인공 기계의 초지능 현상을 지켜보면서 인간이란 도대체 어떤 존재이며 미래의 인간이 어떤 모습으로 존재할 것인가에 대한 회의와 우려가 짙게 깔려 있는 혼돈의 상황을 맞이하고 있습니다. 이럴 때일수록 특히 그리스도인들은 더욱 성경적이며 기독교적인 인간 이해를 건강하게 다져가야 할 필요성이 커지고 있지요. 앞에서 간략하게 살펴보았던 트랜스휴머니즘의 인간 이해는 크게 3가지로 나누어 볼 수 있습니다. 앞으로 3회에 걸쳐 각각의 주장을 다루어 보도록 하겠습니다.

트랜스휴머니즘이 주장하고 있는 첫 번째 인간 이해는

인공지능시대, 그리스도인이 꼭 알아야 할 28가지 질문

현재의 인간 조건은 인간의 종착점이 아니며, 진화를 향한 근본적인 개선이 필요한 대상이라는 것입니다. 즉, 인간 역사의 시작부터 지금까지 인간이 운명적으로 지녀오고 있는 생리적, 신체적, 심리적, 정신적인 한계 조건 등을 더 이상 수용하고 순응할 수밖에 없는 것으로 여기지 않는 겁니다.

트랜스휴머니즘 이전의 인간의 존재를 다루었던 많은 철학적이고 문화적인 사조들은 유전적, 신체적, 심리적, 정신적인 한계를 가지고 있는 유한한 인간 조건 그 자체를 부정하거나 초월하려고 하지 않았습니다. 어디까지나 유한한 인간 조건의 범위 안에서 인간의 존재론적이고 목적론적인 의미와 가치에 대하여 질문을 던지며 답을 찾으려 했던 것이었죠. 물론, 어느 시대건 어떤 부류의 과학자나 철학자들이 질병이나 노화와 죽음으로부터 자유로워지기 위한 시도를 끊임없이 해 오기는 했을 것입니다.

그러나 트랜스휴머니즘처럼 하나의 일관된 철학과 사조를 형성하지는 못했습니다. 아마도 그렇게 하기에는 당시의 과학과 기술이 그들의 주장과 이론을 뒷받침해 주지 못했기 때문이었을 겁니다. 반면에 트랜스휴머니즘이 제법 세력을 얻고 있는 것은 무엇보다도 그들의 주장을 실현할 수 있는 4차 산업혁명이 가져온 과학기술의 발전이 아닐 수 없습니다. 어쨌든 트랜스휴머니즘은 현재의 인간 조건 그 자체를 인간 진화의 종착점이나 완전한 상태로 인정하지 않습니다. 다른 말로 하면 우리의 삶을 불편하게 하거나 파괴하는 요소들은 받아들일 만하지 않으며 더 나은 진화된 상태로 나아가야 하고 그렇게 해야만 한다는 것입니다. 따라서 현재의 인간 조건을 수용하여 적응해 가는 한 인간의 행복이나 더 나은 미래에 대한 가능성은 매우 희박하다는 결론이 나오게 되는 거죠.

지금까지 언급한 트랜스휴머니즘의 주장은 기독교의 입장에서 보았을 때, 도저히 받아들일 수 없는 반성경적이고 반기독교적이라고 밖에 볼 수 없습니다. 창조론을 믿는 기독교는 이미 진화론의 주장과 이론도 받아들일 수 없는데, 하물며 진화론적인 입장과 아울러 인간이 가지고 있는 모든 원초적인 결함을 정복하고자 하는 데서 인간의 미래를 찾고자 하는 트랜스휴머니즘은 더 말할 것도 없지 않습니까? 성경은 하나님의 피조물인 인간에 대하여 무엇이라고 말씀하고 있습니까? 분명히 이 땅에서 인간의 생명은 유한하며 늙고 병드는 것은 인간의 삶의 한 부분이라고 말하고 있습니다. 이것은 우리가 저항하고 극복해야 할 인간의 결함이 아니라 받아들이면서 그 안에서 우리를 지으신 하나님의 섭리와 은혜를 발견해야 하는 것입니다. 이것이 성경적이며 기독교적인 인간 이해라고 우리는 믿음으로 고백하고 있는 것입니다.

> 범사에 기한이 있고 천하 만사가 다 때가 있나니 날 때가 있고 죽을 때가 있으며 심을 때가 있고 심은 것을 뽑을 때가 있으며 죽일 때가 있고 치료할 때가 있으며 헐 때가 있고 세울 때가 있으며 _ 전 3:1-3

> 내일 일을 너희가 알지 못하는도다 너희 생명이 무엇이냐 너희는 잠깐 보이다가 없어지는 안개니라 너희가 도리어 말하기를 주의 뜻이면 우리가 살기도 하고 이것이나 저것을 하리라 할 것이거늘 _ 약 4:14-15

인공지능시대를 살아가는 그리스도인들이 그냥 무심코 살아가서는 안 되는 이유는 분명합니다. 인간이 창조해 낸 인공지능과 인간 능력 증강 기술을 활용하며 현재의 인간 조건을 뛰어넘어 변화시키려는 과학기술에 기반을 둔 진화론적 시도인 트랜스휴머니즘이 던지는 도전은 하나님의 창조의 질서를 거부하며 무너뜨리려는 인간들의 강력한 유혹이기 때문입니다. 이럴수록 교회는 믿음을 굳게 지켜 주의 날이 가까웠음을 영적으로 깨닫는 지혜가 충만해야 합니다.

> 또한 너희가 이 시기를 알거니와 자다가 깰 때가 벌써 되었으니 이는 이제 우리의 구원이 처음 믿을 때보다 가까웠음이라 밤이 깊고 낮이 가까웠으니 그러므로 우리가 어둠의 일을 벗고 빛의 갑옷을 입자 _ 롬 13:11-12

> 우리의 싸우는 무기는 육신에 속한 것이 아니요 오직 어떤 견고한 진도 무너뜨리는 하나님의 능력이라 모든 이론을 무너뜨리며 하나님 아는 것을 대적하여 높아진 것을 다 무너뜨리고 모든 생각을 사로잡아 그리스도에게 복종하게 하니 _ 고후 10:4-5

소그룹 나누기 활동

❶ 질문에 대한 대답을 읽고 배우고 느낀 점을 함께 나누어 보세요. 이해가 안 되거나 궁금한 것이 있으면 서로 도와주세요.

❷ 트랜스휴머니즘의 첫 번째 인간 이해를 생각하면서 정말 인간이란 어떤 존재여야 하는지를 성경적, 기독교적으로 다시 한번 살피면서 함께 나누어 보세요.

❸ 함께 기도 제목을 나누며 기도합시다.

Q. 19

트랜스휴머니즘이 현재
인간의 한계 자체를 부인하고
초월하고자 한다는 것을
알았습니다.

그렇다면,
좀 더 구체적으로

현재 트랜스휴머니즘은
인간의 **어떤 한계들을**
극복하고서
**인간의 조건을 향상 또는
증강하고자 하는 걸까요?**

Q.19 트랜스휴머니즘은
인간의 어떤 한계를 극복하려는 것일까?

트랜스휴머니즘이 우리 인간을 바라보는 두 번째 시각은 우리가 당하는 고통, 결핍, 질병, 죽음 등은 인간의 미래의 삶에 위협이 되기 때문에 이러한 것들로부터 완전히 자유로워지기 위해서 인간은 반드시 향상되어야만 한다는 것입니다. 트랜스휴머니즘의 선구자 중 한 명인 보스트롬은 구체적으로 암, 말라리아, 치매, 노화, 기아, 불필요한 고통, 그리고 인지적 장애 등을 들고 있습니다. 그는 노화와 사망으로 인하여 인간의 발달이 저해되어 왔다고 지적하면서 노화와 사망의 위협이 없이 건강과 젊음을 오랫동안 유지해야 한다고 주장합니다. 심지어 그는 인간의 마음을 컴퓨터

인공지능시대, 그리스도인이 꼭 알아야 할 28가지 질문

에 업로드함으로써 신체 기능을 통제하여 우리가 원하는 기능을 발휘할 수 있도록 하는 것이 가능하다고까지 말합니다.

이러한 보스트롬의 주장에 따른다면, 전염병과 치명적인 바이러스에 걸리기 쉬운 지금의 우리 몸은 더 건강하고 활력 있게 살 수 있는 인간의 가능성을 빼앗아가는 셈이 됩니다. 또한 보통 사람들의 평범한 지적 능력을 지금보다 훨씬 더 높일 수 있다면 인간은 문화, 예술, 스포츠, 의학, 철학 분야를 비롯하여 거의 모든 인간의 활동 분야에서 매우 우수한 업적을 만들 수 있겠죠. 궁극적으로 불필요한 감정적, 정서적, 심리적, 관계적인 고통을 겪지 않으면 인간은 더 행복하고 건강하게 살아갈 수 있는 겁니다. 이뿐만이 아닙니다. 인간이 노화를 겪지 않는다면 젊음을 영원히 유지하여 활기 넘치고 멋지게 살아갈 수 있으며, 더 나아가 죽음을 경험하지 않고 영생을 누린다면 인간은 더 이상 존재의 유한성으로 인한 고통과 갈등으로 괴로워하지 않아도 되는 것입니다. 문자 그대로 인간의 유토피아가 실현되는 겁니다.

그렇다면 정말 만에 하나라도 이런 세상이 펼쳐진다면 우리 인간은 행복할까요? 이 다음 질문에서 살펴보겠지만 결국 그러한 세상은 인간만의 힘으로는 불가능하고 인공지능이 장착된 기계의 힘을 빌려야 할텐데, 우리가 인공지능 기계의 힘으로 전지전능한 신과 같은 존재가 되었다고 가정합시다. 그럼 인간이 신이 된 것일까요, 아니면 기계가 신이 된 걸까요? 아마도 인간 안에 들어온 기계가 진정한 신이 되고야 말 것이라는 생각은 저만의 우려에 불과한 것일까요? 기계가 만들어 준 행복이 정말 지금 우리 인간이 꿈꾸는 미래의 행복의 모습이 아니어야 합니다.

인간에게 미래의 희망이란 반드시 고통과 결핍과 질병과 죽음이 없는 상태는 아닐 겁니다. 비록 그러한 것들이 때로는 우리들에게 절망과 슬픔과 아픔과 눈물을 가져오기는 하지만, 그저 부정적인 역할만 하는 것은 더더군다나 아닐 겁니다. 더욱이 하나님을 믿는 신앙 안에 깊은 뿌리를 두고 있는 그리스도인이라면 인간의 생사화복(生死禍福)을 주관하시는 분은 오직 하나님임을 믿습니다. 다음의 바울의 고백을 기억합니다.

나에게 이르시기를 내 은혜가 네게 족하도다 이는 내 능력이 약한 데서 온전하여짐이라 하신지라 그러므로 도리어 크게 기뻐함으로 나의 여러 약한 것들에 대하여 자랑하리니 아는 그리스도의 능력이 내게

고린도후서에 나타난 바울의 고백은 강하고 완벽하고
화려함을 자랑하는 인공지능시대에도 여전히 유효한 우리
의 신앙고백입니다. 약하고 시들어지는 것 같지만, 우리 안
에 하나님의 능력이 나타나서 멸망당한 자 같지만 멸망당
하지 않고, 죽은 자 같지만 살아있는 자가 되는 것입니다.
우리는 또한 아론과 모세의 죽음도 기억합니다.

아론과 모세는 나이 들어 바이러스나 질병에 걸려 쇠하
여 죽지 않았습니다. 아직 더 살 수 있는 나이였을 겁니다.
심지어 모세의 경우에는 기력도 쇠하지 않았다고 합니다.
그러나 하나님께서는 그들을 데려가십니다. 우리는 여기서

하나님의 계획과 섭리가 인간의 그것들보다 우선한다는 사실을 다시 한번 확인할 수 있습니다.

강한 인공지능 주창자들과 트랜스휴머니즘의 주장을 유심히 살펴보면, 그들은 '인간'이 바라고 가치 있다고 믿는 방향으로 질주하고 있다는 것을 발견하게 됩니다. 즉, 하나님이 아닌 인간이 바라지 않는 그리고 가치가 없다고 믿는 것들은 존재할 가치조차 없다는 신념을 가지고 있는 것입니다. 신체적, 심리적, 정신적, 감정적인 고통, 지적 능력과 자원의 결핍, 질병과 죽음은 단지 인간이 정복해야 할 뿐만 아니라, 사라져야 할 인간이 원하지 않는 것들일 뿐입니다. 그것들은 과거와 현재를 살아가는 인간들처럼 미래의 인간에게도 치명적인 고통을 안겨다 줄 뿐이라고 트랜스휴머니즘은 주장하고 있는 것입니다.

따라서 인공지능을 앞세운 트랜스휴머니즘은 지금까지 이 지구상에 존재했었던 그 어느 철학이나 사조보다 훨씬 더 지독히도 인본주의적이고 세속적이며, 기계적이고 반(反)기독교적이지 않을 수 없습니다. 이 땅 위의 모든 교회와 그리스도인들은 인간은 어떠한 질병에도 걸리지 말아야 하고 늙지도 않아야 하며, 가능하다면 죽지도 않아야 한다는 트랜스휴머니즘의 달콤한 세속적 설교에 저항해야만 합니다. 유한한 인간이 여전히 유한한 기계를 의존하려는 오만한 현대 과학의 매혹적인 유혹에 경계를 게을리 하지 말아야 합니다. 동시에 유일하게 영원한 존재이신 하나님을 만나게 될 때만이 비로소 실존적인 불안과 좌절에서 빠져나올 수 있다는 기독교 진리를 끝까지 붙드는 용기가 충만하기를 기원합니다.

> 너희는 이 세대를 본받지 말고 오직 마음을 새롭게 함으로 변화를 받아 하나님의 선하시고 기뻐하시고 온전하신 뜻이 무엇인지 분별하도록 하라 _ 롬 12:2

소그룹 나누기 활동

❶ 질문에 대한 대답을 읽고 배우고 느낀 점을 함께 나누어 보세요. 이해가 안 되거나 궁금한 것이 있으면 서로 도와주세요.

❷ 저자는 "이 땅 위의 모든 교회와 그리스도인들은 인간은 어떠한 질병에도 걸리지 말아야 하고 늙지도 않아야 하며, 가능하다면 죽지도 않아야 한다는 트랜스휴머니즘의 달콤한 세속적 설교에 저항해야만 한다"고 역설합니다. 이에 대하여 함께 의견을 나누어 보세요.

❸ 함께 기도 제목을 나누며 기도합시다.

질문 18번과 19번을 통해서
트랜스휴머니즘이
인간을 어떻게 바라보고
지향하고 있는지
이해하는 데 도움이 되었습니다.

그렇다면 그들은 **무엇을** 통해서
그러한 무한한 능력을 가진 인간을
실현시키려는 것일까요?

결국 인공지능 기계가 아닐까
생각하는데요.

좀 더 알고 싶습니다.

Q.20 트랜스휴머니즘은 무엇을 통해서
그것을 실현시키려는 것일까?

트랜스휴머니즘은 현재의 인간 조건은 아직 진화되고 있으며 우리가 살아가는 데 너무나 많은 제약을 주고 불완전하기 때문에 반드시 향상시켜야 한다고 주장합니다. 그렇다면 다음으로 생각해 보아야 할 것은 방법입니다. 여기서 트랜스휴머니즘의 세 번째 인간 이해를 알 수 있는데 앞의 두 질문에서 잠깐 말했듯이 그들은 인간 조건의 향상은 기계와의 공생과 상생을 통해서만 가능하다고 주장하고 있습니다.

아무리 장밋빛처럼 보이는 주장이나 이론도 그것을 실현시킬 만한 방법이 따라오지 못하면 그다지 큰 효력을 발휘하지도 못하고 사라져 버리겠죠. 사실 인간의 노화, 질병, 죽음, 암, 인지적 결함, 불필요한 고통 등을 초월하면서 인간이 영원히 살아갈 수 있다는 것은 너무나 이상적이고 유토피아적인 주장으로 들립니다. 문제는 그러한 초월적인 인간의 모습을 어떻게 만들어 가느냐 하는 것인데 트랜스휴머니스트들은 그들의 해답을 바로 '기계'에서 찾습니다.

앞의 여러 질문에서 말했던 트랜스휴머니즘의 정의에서 등장하는 단어가 바로 인공지능 '기계'입니다. 즉, 기술(공학)을 이용하여 인간의 타고난 본성이 아닌 인간이 바람직하다고 여기는 방향으로 인간 조건을 개조하고 개선하려는 것입니다. 보스트롬과 같은 트랜스휴머니스트들은 과학과 테크놀로지 그리고 다른 이성적인 수단들을 책임감 있게 사용함으로써 궁극적으로 현재 인간이 가지고 있는 것보다 훨씬 더 큰 능력을 가진 존재, 즉 포스트휴먼이 될 수 있을 것을 고대한다고 말하기까지 합니다. 강한 인공지능의 주창자인 레이 커즈와일은 2050년이 되면 인간과 기계의 의식이 결합하여 이른바 '지능폭발'(intelligence explosion)과 포스트휴먼 문명이 이루어질 것으로 예상합니다.

트랜스휴머니즘의 강력한 주창자들이 주장하는 것처럼,

인간의 미래의 삶이 실제로 기계의 힘을 빌려 현재의 인류의 모습과는 혁명적으로 다른 모습을 보일지는 아무도 쉽사리 결론을 내릴 수 없을 것입니다. 그럼에도 불구하고 트랜스휴머니스트들은 인간의 미래는 과학과 기술에 의해서 커다란 영향을 받을 것이라고 확신하며 선언합니다. 역사학자이자 철학자인 유발 하라리 같은 이는 수십 년 안에 인류 역사상 처음으로 인간성 자체가 급격한 혁명을 겪게 될 것이며 우리 사회와 경제뿐만 아니라 우리 신체와 정신도 유전공학과 나노기술, 뇌-컴퓨터 인터페이스 기술에 의해 변형될 것으로 내다보고 있습니다.

일부 미래학자들 역시 트랜스휴먼과 포스트휴먼은 인간과 기계 사이의 경계를 허물면서 단지 인공지능 로봇뿐만이 아니라 인간 자신의 몸과 뇌에 기계장치를 장착한 인간의 사이보그화가 이루어질 것이라고 예측하고 있습니다. 예를 들면, 영국의 미래학자인 이안 피어슨(Ian Pearson)은 우리의 유전자와 신체가 외부 기술과 연결돼 사람들을 더 아름답고 지적으로 진화시킬 것이라고 말하면서 기술의 진보는 인간에게 생물학적 죽음 이후에도 영생을 누리게 하거나 여러 개의 삶을 살 수 있게 해 줄 것이라고 말한 바 있습

인공지능시대, 그리스도인이 꼭 알아야 할 28가지 질문

니다.

트랜스휴머니스트들과 그들의 논리를 옹호하는 일부 미래학자들의 말들을 종합하면, 인공지능을 비롯한 과학기술의 혁명적인 창조물들은 21세기가 만들어낸 최고의 '우상'이라고 해도 조금도 과언이 아닙니다. 인간은 간절히 원하지만 스스로의 힘으로 할 수 없을 때 그것을 성취하기 위해서 의존하는 대상을 만들어내는데, 그 대상을 우상이라고 할 때 현대 과학과 기술은 온갖 우상들을 양산하고 있는 중이라고 할 수 있습니다.

다만 이스라엘 백성들이 숭배했던 우상들과 21세기의 인간들이 만들고 있는 우상들은 그 대상만 다를 뿐, 그 행태는 크게 다를 바가 없습니다. 바로 하나님의 자리에 우상을 밀어 넣는 것입니다. 이스라엘 백성들은 자신들을 애굽에서 인도하여 내신 하나님 대신에 온갖 종류의 이방신들을 섬겼습니다. 주요 이방신들로 엘, 아세라, 바알, 아스다롯, 바알브올, 바알세불, 몰렉, 다곤 등을 들 수 있습니다.

스위스 제네바의 종교개혁가인 장 칼뱅(John Calvin)이 인간의 마음은 우상을 만드는 공장이라고 말한 적이 있습니다. 인간은 우상을 숭배하며 하나님을 낮추게 되는데, 더 큰 문제는 우상을 높여서 하나님의 자리로 격상시킨다는 것입니다. 몇 차례의 클릭이나 질문으로 빠르게 놀라울 정도의 완성도를 가지고 해답을 내놓는 GPT에 대한 사람들의 반응은 이제 겨우 시작에 불과합니다. 인간보다 훨씬 더 똑똑하고 완벽하게 일처리를 하며 인간과 공감하는 인공지능으로 진화하면 인간들은 인공지능 없이는 문제를 해결할 능력을 상실한 존재로 전락하게 될 것이라는 우려가 나오고 있습니다. 인공지능 기계들이 마치 신과 같은 존재가 되고야 마는 것입니다. 그렇다면 시대를 막론하고 인간들은 왜 우상을 만드는 것일까요? 그것은 인간의 내면에는 늘 두려움이 도사리고 있기 때문입니다. 이스라엘 백성들은 가나안으로 들어가면서 그곳에서 풍요와 다산이라는 목표를 이루어야 했는데, 낯선 이방 땅에서 그것은 결코 쉽지 않은 일이었죠. 삶의 안정에 대한 두려움, 그 두려움이 결국 이방 우상들을 따르게 했던 것입니다.

21세기를 살아가는 우리들은 어떤가요? 인공지능과 트랜스휴머니즘 주창자들 역시 인간의 미래에 대한 두려움이 그들의 내면에 도사리고 있는 것은 아닌지 모르겠습니다. 인간의 안정된 미래를 방해하는 온갖 질병과 바이러스와 죽음에 대한 두려움이 그들로 하여금 과학과 기술을 통하여 더욱 강력한 우상을 만들어내려고 하는 것입니다.

　미래에 대한 두려움 속에서 인간을 만드시고 인간 역사를 주관하시는 하나님께 돌아가기보다 인간을 닮은 또 다른 창조물인 기계 인간을 만들어 전혀 새로운 세상을 만들어가려는 빅테크 기업들의 한없는 경쟁의 끝이 궁금해집니다. 이 글을 쓰고 있는 지금도 테슬라가 최초로 인간의 모습을 닮은 로봇인 인공지능 휴머노이드 로봇 옵티머스를 공개했다는 기사가 나왔습니다. 창조주 하나님을 완전히 떠나버린 이 시대의 인간들, 오히려 신이 된 것 같은 인간들의 오만을 하나님께서는 그냥 내버려두시는 것 같습니다. 인간이 만든 기계가 인간에게 올무가 되는 시간이 다가오고 있는 것입니다.

　그들의 우상들을 섬기므로 그것들이 그들에게 올무가 되었도다 _ 시 106:36

소그룹 나누기 활동

❶ 질문에 대한 대답을 읽고 배우고 느낀 점을 함께 나누어 보세요. 이해가 안 되거나 궁금한 것이 있으면 서로 도와주세요.

❷ 저자는 "인공지능을 비롯한 과학기술의 혁명적인 창조물들은 21세기가 만들어낸 최고의 '우상'이라고 해도 조금도 과언이 아닙니다. 현대 과학과 기술은 온갖 우상들을 양산하고 있는 중이라고 할 수 있습니다"라고 말합니다. 이에 대한 각자의 생각을 함께 나누어 보세요.

❸ 함께 기도 제목을 나누며 기도합시다.

PART 4

이야기 치료, 기독교, 그리고 인간 이해

Q. 21

앞에서 인공지능을 비롯한
기계의 힘을 빌린
트랜스휴머니즘의
인간에 대한 이해가
반기독교적이라는 것에 대해서
알게 되었습니다.

그렇다면 인공지능과
트랜스휴머니즘 시대를 맞이하여

**그리스도인으로서
우리가 생각하고 찾아가야 할
인생의 가치와 의미로는
어떤 것들이 있을까요?**

Q.21 그리스도인이 찾아가야 할
인생의 가치와 의미는 무엇일까?

앞에서 여러 차례에 걸쳐 인공지능과 트랜스휴머니즘이 지향하는 인간의 삶의 방향과 미래의 모습에 대해서 살펴보았습니다. 그러한 가치관들이 그리스도인이 가지고 있는 기독교적인 모습과 가치로는 수용하기 어려운 것들임은 부인할 수 없을 것입니다. 따라서 지금 이 시대가 그 어느 때보다도 그리스도인으로서 인간의 존재와 가치에 대해서 진지하게 성찰해야 할 때라고 생각합니다. 이를 위하여 다양한 방법들이 있지만, 저는 목회상담학 교수로서 제가 배웠던 이야기 치료를 기독교적인 시각과 접목해서 풀어가려고 합니다. 과연 인간의 삶은 어떤 것인지, 인간이란 어떤 존재

인지 함께 생각하는 시간이 되기를 바랍니다.

먼저 우리는 이야기로서 인간의 삶을 이해할 필요가 있습니다. 인간의 삶은 다양한 이야기로 이루어집니다. '이야기 치료'에서 인간의 삶은 이야기 그 자체이며 또한 이야기는 곧 자기(self)와 타인과의 관계를 반영합니다. 목회상담학자인 앤드류 레스터(Andrew Lester)는 우리의 자기정체성은 우리가 경험한 것들의 이야기에 따라서 서서히 만들어져 가는 것이라고 말합니다.

우리 각자의 삶을 돌아보면 금방 이해가 가지 않을까요. 우리는 인생을 짧게 살았든 길게 살았든지 모두 이런 저런 경험을 하면서 지금까지 살아왔을 겁니다. 아무런 일이나 경험도 하지 않고 나이만 먹는 사람은 한 명도 없습니다. 그리고 이런 말들을 종종 하곤 하지요.

> "내 인생은 참 굴곡이 많았지요. 지금까지 살아온 것만도 내 자신이 대견할 따름이지."
> "나는 참 복이 지지리도 없어. 한 많은 인생을 살아왔어요."

위의 두 이야기 속에서 우리는 이 두 사람의 삶의 여정과 말하는 이의 정체성을 조금은 알 수 있습니다. 각각 힘들고 어려운 삶을 살아왔음을 알 수 있지만, 그러한 경험과 이야기 속에서 두 사람은 각기 다른 자기 정체성을 가지고 있습니다. 한 명은 자신을 '대견하다'고 느끼고 있고, 다른 한 명은 '한 많은' 인생을 살아왔다고 말합니다. 위의 두 사람뿐만 아니라 모든 사람은 살아온 이야기를 가지고 있으며, 그 안에서 삶의 의미와 가치를 느끼고 나이 먹어 갑니다.

한편, 삶 속에서 이야기를 상실한 사람은 자기 정체성을 상실할 가능성이 매우 높습니다. 제 전공이 목회상담학이라서 가끔 상담을 하곤 하는데, 많은 내담자들이 자신의 이야기를 쉽게 털어놓지 못합니다. 특히 자기 자신에 대하여 불만이 있거나 혼란스러운 사람일수록 더욱 자기 이야기와 경험을 말하는 데 어려워하는 모습을 보게 됩니다. 따라서 이야기 치료에서 상담사는 내담자의 고통스러운 감정, 행동, 인지, 그리고 상황들 자체의 해결에 집중하기보다 내담자가 들려주는 삶의 이야기를 경청하면서 내담자의 세계로 들어가 내담자가 자기의 이야기 안에 들어있는 문제, 다양한 관계들, 감추어 두었던 이야기, 왜곡된 의미 등을 탐색하도록 도와주어야 합니다. 이러한 과정을 통하여 내담자는 치유와 회복으로 나아가게 되는 것입니다.

이런 의미에서 많은 삶의 경험과 이야기 속에서 상처, 아픔, 절망, 눈물 등을 담고 있는 교인들을 자주 만나게 되는 사역자들에게 이야기 치료는 매우 유용한 돌봄과 상담 접근이라고 할 수 있습니다. 교인들을 만나 이야기를 들으면서 그것들을 어떻게 해석하고, 해석된 이야기 안에서 어떤 의미를 이끌어내느냐가 목회자와 교인 간에 주어진 상담사역 현장에서의 과제인 것입니다.

이렇듯 인간의 삶을 이야기로서 접근한다면 트랜스휴머니즘이 추구하는 고통, 결핍, 부족, 문제, 죽음 등은 인간이 아직 진화가 덜 되어서 만들어졌다거나, 우리에게 바람직하지 않은 것이기에 향상시켜야 할 대상이 아닙니다. 그러한 것들은 다름 아닌 바로 우리 인간의 삶의 중요한 구성요소이자 우리의 정체성을 말해주고 있는 것이기 때문입니다. 인공지능 휴머노이드 로봇 시대가 곧 온다고 하더라도 그들이 인간이 될 수 없는 이유는, 그들은 인간처럼 살아있는 삶의 이야기를 가지고 있지 않다는 사실입니다.

이렇게 볼 때 인간의 유한성 수용을 거부하고 인간이 만든 과학과 기계의 힘을 빌려 인간 조건을 '향상' 이나 '증강' 해야 한다는 트랜스휴머니즘적인 시각은 삶의 전 과정 속에서 만들어가는 인간의 생생한 이야기를 삭제하려는 과학 기술적 시도와 다름 아닙니다. 우리의 삶이 통째로 고통이나 결핍, 부족과 문제만으로 이루어지지는 않습니다. 고통이 있으면 기쁨도, 결핍한 경험이 있었으면 풍요로움도 있었을 겁니다. 문제 없는 삶이 있을 수 있나요? 그럼에도 불구하고 그때마다 해결해가는 과정 속에서 살아가는 용기도 생겨나고 보람도 있는 거지요.

여기서 한 걸음 더 나가서 기독교적인 관점에서 볼 때에도 생물학적이고 유전적인 인간의 제한된 인간 조건에 대한 부정은 인간의 삶과 문화와 역사 속에서 써 내려가는 하나님의 이야기를 전면 부정하는 것입니다. 성경에서 하나님은 자신을 이야기하는 하나님으로 드러내시고 인간과 동행하십니다. 모세를 보내시면서 하나님은 모세에게 이스라엘 백성들에게 가서 자신을 "너희들의 조상 아브라함과 이삭과 야곱의 하나님"으로 소개하라고 말씀하십니다(출 3:15-16). 아브라함은 아브라함의 이야기를, 이삭은 이삭의 이야기를, 야곱은 야곱의 이야기를 써 내려갔지만 3대에 걸쳐서 지속적으로 나오는 이야기는 바로 사람들과의 관계 안에서 만들어가는 하나님의 이야기입니다.

트랜스휴머니즘이 전적으로 인간과 인간이 만들어내는 성취물인 과학, 기술, 기계에 초점을 맞춘다면, 기독교적인 휴머니즘은 인간과 창조의 섭리에 따라서 일하시는 하나님께 관심의 초점을 맞추는 것입니다. 불변하시고 영속적인 존재는 오직 하나님 한 분뿐이십니다. 사람은 유한한 존재이며, 유한한 이야기를 유한한 사람들과 무한하신 하나님과의 관계 안에서 만들어가는 겁니다. 그러한 과정들을 하나하나 거치면서 우리는 희망과 절망, 불행과 행복, 불안과 안정, 고통과 회복, 질병과 건강, 젊음과 노화, 성공과 좌절, 기쁨과 슬픔, 성취와 상실, 생명과 죽음 등을 경험하며 내면화하고 성찰하여 삶의 의미와 가치를 기독교 신앙 안에서 찾아가는 것입니다.

그리스도인에게 유한한 이야기는 그저 유한한 이야기로만 그치지 않습니다. 즉, 유한한 인간이 만들어가는 유한한 이야기 안에는 무한한 하나님과의 동행이 들어있는 것입니다. 인공지능과 트랜스휴머니즘이 망각하고 있는 가장 커다란 진리는 불행과 아픔과 상처와 절망과 소외로 아파하는 인간의 고난의 실존과 함께하시는 하나님의 희망의 이야기입니다. 하나님께서는 이 시대가 창조해낸 최고의 우상인 인공지능 기계와 이야기를 써 내려가고 싶지 않으실 것입니다. 하나님께서는 직접 만드시고 그 안에 생기를 불어넣으신 사람과 이야기를 써 내려가기를 원하십니다. 그리고 인간이 기계와 소통하는 이 시대에도 그 이야기는 아직 끝나지 않았음을 믿음으로 고백하는 우리 교회와 그리스도인이 되기를 간절히 바라봅니다.

소그룹 나누기 활동

❶ 질문에 대한 대답을 읽고 배우고 느낀 점을 함께 나누어 보세요. 이해가 안 되거나 궁금한 것이 있으면 서로 도와주세요.

❷ 우리의 삶은 이야기로 이루어졌다고 합니다. 그 안에는 사람의 이야기뿐만 아니라, 하나님의 이야기도 들어있습니다. 여러분들의 삶 속에는 어떤 이야기들이 들어있나요?

❸ 함께 기도 제목을 나누며 기도합시다.

Q. 22

앞 질문에서
그리스도인으로서 우리가
탐색해야 할 기독교적인
인간의 삶의 가치와 의미를
지켜내기 위한 방법으로
이야기 치료가 말하는
이야기로서의 삶에 대해
흥미롭게 배웠습니다.

**이 외에
다른 어떤 것들이 있을까요?**

Q.22 인생의 가치와 의미를 지켜내기 위한 방법은?

앞에서 이야기 치료는 우리의 삶을 이야기로 이해한다고 말했습니다. 우리의 인생을 이야기로 보는 것은 상처와 절망과 아픔 속에서 희망을 다시 찾아가는 과정에서 큰 힘이 될 수 있습니다. 왜냐하면 이야기라는 것은 하나의 단절된 일회성의 사건이 아니라, 계속해서 이어지는 과정이기 때문입니다. 따라서 한순간의 부정적인 사건이 우리의 삶 전부를 망가뜨리는 것이 아니라, 우리가 그 일을 인생이라는 전체적인 틀 안에서 어떻게 이해하느냐에 따라서 그 후의 삶의 모습과 방향이 달라질 수 있는 것입니다.

그렇다면 이야기 치료가 이해하는 인간의 의미로 또 어떤 것이 있을까요? 이야기 치료는 우리의 삶을 이야기로 볼

인공지능시대, 그리스도인이 꼭 알아야 할 28가지 질문

뿐만 아니라, 인간을 이야기를 해석하고 의미를 부여하는 존재로 간주합니다. 이것이 이번 질문에서 다루어 보고자 하는 주제입니다. 이야기 치료에서 상담사와 내담자는 모두 이야기를 해석하는 역할을 합니다. 내담자는 그저 자신의 문제와 상처를 상담사에게 말하고, 상담사는 그에 대한 해답을 제시해 주는 역할로 끝나는 것이 아닙니다.

즉, 상담사는 내담자가 들려주는 이야기에 공감과 경청을 하는 것은 물론, 내담자가 선택한 이야기에 담겨있는 이미지와 의미와 가치를 탐색하는 것입니다. 그 후 상담사는 내담자로 하여금 상처와 고통으로 인하여 미처 발견하지 못했던 긍정적인 이야기를 만들어 힘을 되찾도록 돕는 것입니다. 따라서 인간의 삶 자체가 이야기일 뿐만이 아니라 우리는 자신과 자신을 둘러싼 삶을 해석하고 의미를 부여하는 존재인 것입니다.

한편, 사역자가 해석자로서의 상담 역할을 제대로 감당해 내기 위해서는 먼저 목회자 자신이 내면과 삶 속에서 문득문득 터져 나오는 자기의 상처받고 아픈 이야기를 제대로 진단하고 분석하며, 해석하여 치료와 회복을 위한 의미와 가치를 만드는 과정을 반드시 거쳐야 합니다. 이러한 작업이 원활하게 이루어질 때 상담사인 목회자의 이야기가 내담자인 교인의 이야기와 목회 현장에서 효과적으로 만나게 되는 것입니다.

앞에서 살펴본 트랜스휴머니즘은 인간이 스스로의 힘으로 인간 조건을 향상할 수 없다고 보고 있으며, 기계와의 동행, 더 나아가 동행을 넘어 인간과 기계가 한 몸을 이룬 공생(共生)을 통해서만이 가능하다고 진단하고 있습니다. 특히 인간을 닮은, 인간을 초월한, 인간이 만들었지만 인간의 통제력 바깥에서 존재하는 인공지능을 장착한 기계들이 인간의 유한하고 결핍된 부분들을 채워줄 때, 지금까지의 세상은 종말을 고하고 또 다른 유토피아가 만들어진다는 것입니다.

챗GPT를 비롯한 다양한 생성형 인공지능에게 부탁하면, 그들은 온갖 종류의 창작물을 인간을 대신하여 만들어 토해냅니다. 지금은 그저 보고서, 과제물, 제안서, 시와 소설, 동영상 등을 제작하지만 가까운 시일 안에 인간의 고민과 불안과 상처와 문제에 대한 답을 척척 이해하고 분석하고 해석하여 인간이 해야 할 일까지도 제시해 주는 만능열쇠가 될 가능성이 매우 높습니다.

그러한 세상에서 인간 조건의 향상을 위해서 인간 스스로가 할 수 있는 일은 그리 많아 보이지 않습니다. 인공지능 로봇과 생성형 인공지능 GPT가 해석하여 얻어낸 답이 우리에게 진정한 행복을 가져다줄까요? 현재 진행 중에 있는 인공지능의 발달 속도와 방향을 보면 인간 존재 자체가 다양한 신체적, 정서적, 유전적, 생물학적, 지적인 유한성을 극복하지 못할 것이라는 트랜스휴머니즘의 생각이 맞아떨어질 것이라는 우려가 생깁니다. 그럼에도 불구하고 아직은 우리 인간에게는 자신의 상처, 아픔, 고통, 문제를 인지하고 이야기하며, 해석하고 역동적으로 이해하는 능력이 있다는 것을 믿고 싶습니다.

여기서 우리가 분명히 기억할 필요가 있는 것은, 이야기 치료를 목회적 돌봄과 상담에 활용할 때에 단지 상담사와 내담자가 서로의 이야기를 해석하는 과정만 있는 것이 아니라는 것입니다. 즉, 치유를 향한 고통스러운 '이야기하기'와 '해석하기' 속에 개입하시는 하나님께서 우리 삶의 이야기를 기억하시고 풀어주신다는 것입니다. 성경에 나타나는 하나님의 모습은 인간을 향하여 이야기를 써 내려가시고 그 의미를 들을 귀 있는 자들에게 알려주시는 분입니다. 그 하나님께서 오늘 지금 여기서도 여전히 우리에게 이 세상을 향하신 하나님의 이야기를 들려주시고 알 수 있도록 성령님을 보내주십니다.

트랜스휴머니즘은 인간이 서야 할 자리에 기계를, 더 나아가 하나님의 자리 역시 기계가 차지하도록 허용해 버린 셈입니다. 결국 기계가 인간이 되고 신이 되는 셈이죠. 오히려 인간이 기계의 부속품이 되어서 기계로 하여금 자신의 삶의 문제와 상황을 데이터를 활용해 해석하여 정답을 만들도록 주문하는 셈이 되고 마는 것입니다. 하나님을 떠난 세속적인 기계 문화 속에 매료되어 있는 이들은 결국 경쟁하듯이 그 길을 부지런히 닦아 나갈 것입니다.

그러나 적어도 우리 마음 중심에 하나님을 모시고 사는 그리스도인들과 교회가 가져야 할 인간의 의미는 무엇이어야 할까요? 바로 인간은 초월자인 하나님을 통하여 자신의 상처와 절망의 삶의 이야기와 내면을 해석하여 새로운 희망을 만들어갈 수 있는 존재로 만들어졌음을 잊지 말아야 합니다. 기계는 인간이 과거와 현재에 경험하는 것들을 인간처럼 해석하고 의미를 부여하지는 못할 것입니다. 앞서도 강조한 바 있지만 기계는 내담자인 인간과 교류할 수 있는 선험적(先驗的)인 경험과 이야기를 가지고 있지 못하기 때문입니다. 더 나아가 기계는 인간과 교제하시고 당신의 뜻을 알고 깨닫기 원하시는 하나님의 이야기를 담고 있지 못합니다. 이 분명한 사실을 잊지 말고 교회는 교회로서의 사명을, 그리스도인은 그리스도인으로서의 부르심에 합당한 삶을 열심히 살아가기를 주님의 이름으로 축복합니다.

소그룹 나누기 활동

❶ 질문에 대한 대답을 읽고 배우고 느낀 점을 함께 나누어 보세요. 이해가 안 되거나 궁금한 것이 있으면 서로 도와주세요.

❷ 저자는, "인간은 초월자인 하나님을 통하여 자신의 상처와 절망의 삶의 이야기와 내면을 해석하여 새로운 희망을 만들어 갈 수 있는 존재로 만들어졌음을 잊지 말아야 합니다"라고 말합니다. 이에 대한 각자의 생각과 경험을 나누어보세요.

❸ 함께 기도 제목을 나누며 기도합시다.

Q. 23

흔히 이야기 치료하면
과거의 부정적인 이야기를
재저작화하는 인간의 능력을
강조하고 있는 것으로
알고 있는데요.

인공지능시대를 맞이하여
이야기 치료의 재저작화가
위기를 맞고 있는
인간 존재에 대한 의미를
재정립하는 데
어떻게 도움이 되나요?

Q.23 이야기 치료가 인간 존재에 대한 의미를
재정립하는 데 어떻게 도움이 될까?

매우 중요하고 본질적인 질문이라고 생각합니다. 앞에서 이야기 치료의 2가지 인간 이해를 바탕으로 인공지능과 트랜스휴머니즘의 인간 이해를 비판적인 입장에서 설명했습니다. 이제 마지막으로 이야기 치료가 제시하는 인간 존재의 세 번째 가치에 대해 이야기하려 합니다. 바로 삶의 이야기를 재저작화(re-authorizing)하는 존재로서의 인간입니다. 좀 어려워 보이는데 쉽게 생각하면 됩니다. 말 그대로 인간은 과거의 상처받고 절망스러운 이야기에 영원히 빠져드는 것이 아니라, 그러한 이야기들을 긍정적인 희망의 이야기로 바꿀 수 있는 존재라는 것입니다.

인공지능시대, 그리스도인이 꼭 알아야 할 28가지 질문

재저작화는 이야기 치료에서 매우 중요한 작업입니다. 상담 현장에서 상담사와 내담자 사이에서 이루어지는 재저작화는 상담사와 내담자가 서로 질문과 답을 주고받으면서 내담자가 힘들어하고 있는 문제의 이야기 또는 내담자에게 고통을 주는 지배적인 이야기를 전환해서 긍정적인 대안적 이야기를 만들어 갑니다. 이때, 내담자의 이야기 속에서 억압당했거나 삶의 주변부로 밀려나서 묻혀버린 경험이나 사건을 찾아내어 재조명하는 것입니다.

　　저의 경험을 예로 들어보겠습니다. 제가 미국에서 사역할 때 미군과 결혼하신 한 집사님을 만났습니다. 그분의 남편은 흑인이었고 주한미군 시절 집사님을 만났으며, 결혼해서 남편의 고향인 미국으로 건너왔다고 합니다. 미국으로 건너온 후, 행복한 시간도 잠시, 집사님의 삶에는 분노와 절망감이 깊이 자리 잡고 있었다고 합니다. 미군과 결혼하여 미국으로 와서 친정집으로부터 냉대를 받았으며, 동시에 미국인 남편 시댁 집안으로부터도 인정받지 못하는 이방인 취급을 아주 오랫동안 받아왔던 것입니다. 자신의 삶은 아무 짝에도 쓸모없는 버림받은 인생이라는 어두운 생각이 매우 강했습니다.

저는 집사님과 여러 차례 만나면서 그분의 마음 중심을 꽉 잡고 있었던 부정적인 경험들을 잠시 내려놓고, 집사님의 전체 인생을 함께 조금씩 돌아보기 시작했습니다. 행복했던 시절 미군 부대에서 돈을 벌며 가족을 도왔던 기억들, 남편을 만나 사랑받았던 경험들, 그리고 하나님을 만나 신앙생활할 수 있게 된 시간들. 부정적인 감정과 경험만을 붙들던 집사님이 조금씩 잊고 있었던 자신의 행복하고 보람있었던 경험들을 되살리며 긍정적인 모습을 보이기 시작했습니다. 이렇듯 재저작화는 사역 현장에서 매우 중요한 역할을 합니다. 교인이 자신의 삶의 문제와 한계, 고난과 상실, 절망과 좌절 속에서 자기 자신과 삶을 믿음 안에서 재조명하여 하나님의 은혜와 함께하심을 발견하는 것입니다. 이러한 과정은 자신의 삶에 임재하시는 하나님의 역할을 인정하는 새로운 '영적인 재탐색'(spiritual arousal)이라고 할 수 있습니다.

인공지능시대에 우리가 기억해야 할 세 번째 인간의 본질, 즉 인간에게는 자신의 삶을 해석하여 의미를 만들어 갈 뿐만 아니라 그러한 해석과 의미가 담긴 대안적 이야기를 재저작화할 수 있는 능력이 있다는 사실을 쉽게 포기해서는 안 됩니다. 지나온 과거와 현재를 지배하고 있는 고통스러운 이야기를 대신하는 희망의 대안적 이야기를 재저작화하는 것은 매우 역동적인 과정을 거쳐야 가능하고 기계가 대체할 수 없으며, 기계에게 부탁할 수도 없는 인간만이 가진 독특한 본래적 특성입니다.

반면에 현재의 인간 종과는 전혀 다른 신인류의 출현을 꿈꾸는 트랜스휴머니즘은 한계를 가진 인간의 능력과 본성을 초월해야만 하는 인간 조건이라는 명분으로 애써 무시하려 하고 있습니다. 인공적인 초지능이 실행하는 기계적인 상상력이 인간을 더 완벽한 존재로 만들어 줄 것이라는 트랜스휴머니즘의 주장은 인간을 신처럼 만드는 것이 아니라, 오히려 기계에 의해 인간이 스스로 자기 자신을 무존재로 만드는 위험이 도사리고 있음을 인식하는 영적인 민감함이 절실히 필요한 때입니다.

소그룹 나누기 활동

❶ 질문에 대한 대답을 읽고 배우고 느낀 점을 함께 나누어 보세요. 이해가 안 되거나 궁금한 것이 있으면 서로 도와주세요.

❷ 신앙 안에서 자신의 인생의 큰 부분을 차지했던 부정적인 이야기를 긍정적인 것으로 바꾸었던 경험이 있나요?

❸ 함께 기도 제목을 나누며 기도합시다.

PART 5

인공지능, 메타버스,
그리고
교회 사역

Q. 24

한때 메타버스가
유행한 걸로 알고 있습니다.

요즘은 챗GPT 등
생성형 인공지능에 밀려
큰 관심을 모으지 못하고 있지만,
인공지능이 개발될수록
메타버스 또한 다시
주목받을 거라고 하는데요.

**메타버스가 무엇인지
알고 싶습니다.**

Q.24 메타버스란 무엇인가?

챗GPT 광풍이 몰아치기 전만해도 메타버스가 한창 유행하고 많은 이들의 관심을 끌었던 적이 있었습니다. 다만, 그 기세가 한풀 꺾였을 뿐이지 곧 전면에 등장할 것으로 예상합니다. 왜냐하면 메타버스는 4차 산업혁명이 가져온 또 다른 가히 혁명적이라고 말할 수 있는 디지털 세상에서 펼쳐지는 인간 소통 도구이자 활동 영역이기 때문입니다. 결국, 인공지능이 발달하면서 사람들은 인공지능을 활용한 활동과 소통과 비즈니스의 장이 필요할 텐데요, 이미 메타버스는 그 가능성을 보여주었습니다.

먼저, 간단하게 메타버스란 용어를 살펴보면 메타버스는 '초월'이나 '가상'이란 뜻의 메타(meta)와 '세계' 또는 '우

인공지능시대, 그리스도인이 꼭 알아야 할 28가지 질문

주'를 의미하는 유니버스(universe)가 합쳐진 말입니다. 우리 말로 '가상 세계'나 '가상 우주' 정도로 부릅니다. 결국 컴퓨터 안에 존재하는 디지털 공간인 셈인데 이 디지털 공간에서 사람들은 현실에서처럼 쇼핑도 하고, 커피도 마시고, 운동도 하고, 데이트도 하고, 집도 사고, 심지어 교회도 만들어서 예배를 드리고 하는 것입니다. 때로는 현실에서도 할 수 없는 그저 꿈속에서만 가능했던 일들, 혹은 바쁜 현실에서 미처 하지 못했던 활동들을 거의 아무런 제약 없이 할 수 있는 공간이 바로 메타버스라는 세계입니다.

그럼 어떻게 메타버스에 들어갈 수 있을까요? 먼저 메타버스 플랫폼으로 들어갑니다. 현재 많은 회사에서 메타버스를 제공하고 있습니다. 그리고 아바타(avatar)라고 하는 자기만의 캐릭터를 만듭니다. 보통 사람들은 자기를 가장 닮은 또는 현실의 나와는 정반대의 모습을 가진 아바타를 만듭니다. 실제 현실 공간에는 우리 자신이 있지만, 메타버스를 방문해서 활동하는 것은 바로 이 아바타를 통해서 이루어집니다. 그럼 이제 자유롭게 여기저기 방문해서 친구들도 사귀고 다양한 쇼핑몰도 방문합니다. 실제로 물건을 사고팔고 할 수도 있다고 하는데 디지털 공간에서 이용되는 코인을 사용하면 됩니다.

비록 메타버스가 일반인들에게는 매우 멀게 느껴지고 카톡이나 인스타그램처럼 대중화되지 않았다고 하더라도, 메타버스를 활용하고 있는 기업과 학교 그리고 유명인이 늘어가고 있는 추세입니다. 예를 들면, 가수 블랙핑크는 메타버스 플랫폼인 〈로블록스〉(roblox)와 〈제페토〉(zepeto)에서 팬사인회를 하였으며, 순천향 대학교는 2020년 메타버스 신입생 입학식을 가졌고, 건국대학교는 가상공간 축제를 열기도 하였죠. 방탄소년단(BTS)은 신곡 '다이너마이트'를 온라인 게임 포트라이트에서 발표하였으며, 미국 대통령 선거 당시 조 바이든은 가상 현실인 닌텐도 '동물의 숲'에서 선거 캠페인을 벌이기도 하였습니다. 조금만 더 거슬러 올라가면 이미 2016년 당시 민주당 대선 후보였던 힐러리 클린턴은 '포켓몬 고'(poketmon Go)를 선거 캠페인에 활용한 바 있다고 합니다.

특히 Y세대와 Z세대의 경우 미국의 〈로블록스〉와 〈마인크래프트〉(Minecraft), 한국의 네이버의 메타버스 플랫폼인 〈제페토〉 회원 가입자는 수억 명이 넘어갈 정도로 급속하게 그 영역을 넓혀가고 있는 중입니다. 교계의 경우, 정확한 통계는 어렵지만 해외의 경우 대략 15여 개의 교회가 '세컨드 라이프라'는 메타버스 플랫폼 안에서 운영되고 있으며, 한국의 경우는 아직 미미한 수준으로 파악되고 있습니다.

자 그렇다면 메타버스가 과연 가상 현실인지에 대해서 좀 더 생각해 볼 필요가 있습니다. 일반적으로 사이버 공간인 메타버스에서 이루어지는 경험을 실제 현실과는 다른, 가상 현실에서의 경험이라고 이해합니다. 물론 디지털 공간에서 아바타를 통해서 벌어지는 활동들이 실제 현실 공간에서 일어나는 일은 아닙니다. 그러나 다음과 같이 생각해 보면 꼭 그런 것도 아닌 것 같습니다. 비록 메타버스 경험이 실제 현실과 같이 시공간의 제한을 받지 않는 디지털 세상에서 일어나는 것일지라도, 그러한 경험을 우리의 몸과 감정이 느끼고 생각하는 것은 현재 바로 여기에서 입니다. 그렇기 때문에 메타버스는 가상 현실이 아니고 실제 현실이라고 주장하는 사람들도 있는 겁니다.

이해를 돕기 위해서 우리가 지금 컴퓨터를 켜서 메타버스 플랫폼에 접속했다고 가정합니다. 평소에 사용했던 아바타를 사용하여 여기저기 쇼핑합니다. 어제 만났던 친구를 디지털 커피숍에서 만나 키보드로 인사를 나누고 라떼를 주문하며 이런저런 이야기를 나눕니다. 시간이 지난 후, 다음에는 영화를 같이 보기로 하고서 헤어지죠. 그 후 메타버스 플랫폼을 나옵니다. 어떤가요? 메타버스 경험을 할 때 현실에서 아무런 감정과 기분을 느끼지 않는다거나 생각을 하지 않는 것이 아니죠. 마치 인스타그램이나 온라인 게임을 하는 것과 같다고 생각하면 될 것 같습니다. 온라인 게임을 하면서 현실의 나와 디지털 게임을 하고 있는 내가 분리되어 있다고는 생각하지 않을 겁니다. 게임에서 이기면 기분이 좋고, 지면 화가 나겠죠.

비록 디지털 공간에서 이루어지는 활동일지라도 그곳에서 만나는 친구, 그와 함께하는 활동, 느껴지는 감정과 생각 등은 실제로 현재 시간에 이루어지는 경험이라고 할 수 있습니다. 다만 디지털 경험 자체는 현실이 아닌 컴퓨터를 매개로 한 디지털 세상에서 아바타로 분장한 누군가와 가상의 관계를 맺는 것입니다. 따라서 메타버스를 가상 현실로 번역하기보다, 영어 단어 그대로 메타버스로 사용하거나 혹은 디지털 현실로 부르는 것이 보다 적절하다고 생각합니다.

메타버스를 단순히 가상 현실로만 아는 것보다는 디지

털 현실로 이해하는 것은 메타버스의 긍정적인 면과 부정적인 면을 살피는 데 매우 중요합니다. 메타버스에서 이루어지는 경험과 관계를 단지 가상 현실로만 여기고 현실과는 완전히 분리된 것으로 간주하지 말아야 한다는 거죠. 즉, 메타버스에서의 경험이 현실의 나와 전혀 무관한 것이 아님을 잘 이해해야 합니다. 그렇지 않으면 메타버스에서의 경험이 현실의 나에게 주는 긍정적인 유익함을 제대로 발견하지 못하게 됩니다. 또한 메타버스에서의 경험으로 인하여 발생할 수 있는 심리적이고 관계적인 혼란에 제대로 대처해 나가지 못하게 되거든요. 이러한 점들에 대해서는 질문 25부터 28까지, 네 차례에 걸쳐서 다루어 볼까 합니다.

소그룹 나누기 활동

❶ 질문에 대한 대답을 읽고 배우고 느낀 점을 함께 나누어 보세요. 이해가 안 되거나 궁금한 것이 있으면 서로 도와주세요.

❷ 메타버스에 대한 각자의 생각과 이해 혹은 경험을 나누어 보세요.

❸ 함께 기도 제목을 나누며 기도합시다.

Q. 25

질문 24번에서 메타버스가
단지 가상 공간에서의 경험으로만
그치는 것이 아니라, 현실에까지
영향을 끼친다는 것을 배웠습니다.

**교회에서도 메타버스를 통해
긍정적인 경험을 한다면,
현실에서의 신앙생활에도
도움이 되지 않을까요?**

구체적으로 교회가
어떤 도움을 제공할 수 있는지
궁금합니다.

Q.25 메타버스가 신앙생활에 도움이 될 수 있을까?

교회에서 메타버스를 효과적으로 활용한다면 교회 사역이 더욱 풍성해지며, 교인들을 좀 더 잘 알고 이해하는 데 큰 도움을 줄 수 있습니다. 우선 이번 질문에서는 목회적 돌봄과 치유로써 드리는 메타버스 예배에 관하여 말씀드리려고 합니다.

그리스도인이라면 모두가 잘 알고 있듯이, 기독교에서 예배는 하나님을 경배하고 찬양하는 거룩한 의례입니다. 교회가 해야 할 가장 중요한 역할이 바로 하나님의 백성들이 함께 모여 드리는 예배임은 전혀 의심할 필요가 없지요. 예배의 주된 목적은 주님의 몸 된 백성들이 하나님께 경배와 감사와 찬양을 드림으로써 하나님의 이름을 영화롭게 하는 것입니다. 그리고 예배자들은 예배의 자리에 함께하시는 하나님께서 주시는 은혜를 체험하게 되는 것입니다. 즉, 슬픔이 있는 이들은 위로를, 절망이 있는 이들은 희망을, 상처가 있는 이들은 하나님의 치유하심을 예배를 통하여 경험하게 됩니다.

이런 의미에서 예배는 목회적 돌봄의 한 차원으로 이해할 수 있습니다. 예배를 목회적 돌봄과 치유의 차원에서 볼 때, 메타버스는 현장 교회가 실행하기 어렵거나 민감한 주제의 예배를 기획하여 교인들로 하여금 예배를 통하여 역사하시는 하나님의 치유하심과 만져주심을 경험하도록 도울 수 있는 매우 효과적인 도구가 될 수 있다고 봅니다. 즉, 아바타를 통한 익명성과 자유로운 의사소통이라는 특성은 메타버스에서 실행되는 예배에서 예배자들이 보다 자유롭고 열린 마음으로 예배에 참가하여 자기 안에 있는 비탄과 탄식, 수치와 참회, 그리고 분노와 절망의 감정을 정직하게 토로할 수 있도록 도울 수 있는 것입니다. 여기서 아바타는 단지 페르소나(persona), 즉 거짓 가면에 불과한 것이 아닙니다. 그것은 고통당하며 비탄하는 현실 세계의 자신을 반영하는 자아정체성이자 현실 자아의 정체성에도 영향을 줄 수 있는 도구가 되는 겁니다.

예를 들면, 교회 안에는 다양한 상처와 절망을 경험한 교인들이 적지 않습니다. 자살 시도의 생존자, 자살로 죽은 가족을 가진 교인, 성폭행의 생존자, 성폭행으로 인한 사망자 가족, 학교 폭력의 생존자, 학교 폭력으로 인한 희생자 가족 등등. 이런 주제들은 아무리 건강한 신앙공동체라 할지라도 교회 안에서 쉽게 털어놓을 수 없는 예민한 주제들이죠. 사회뿐만이 아니라 교회에서도 터부시되는 주제들이며 공개적으로 돌봄과 치유의 대상이 되지 못하고 있는 형편입니다.

크리스틴 레슬리(Kristen Leslie)라는 목회상담학자가 있습니다. 그녀는 기독교 신앙공동체가 성폭행의 생존자들을 위한 의례를 행하는 데 가장 적합하다고 강조합니다. 생존자들이 그들의 비탄과 치유를 의례를 통하여 표현할 수 있도록 돕는 것은 교회를 비롯한 신앙공동체가 생존자들을 존중하는 하나의 방법이 될 수 있다는 거지요. 그런데 관건은 성폭행 피해자와 생존자, 그들의 가족들이 마음껏 예배드릴 공간이 그리 마땅치 않다는 데 있습니다. 딱히 이들만을 위한 예배를 마련하는 교회도 거의 없으며, 오히려 현장 교회에서 그런 예배는 상상조차 하기 힘든 경우가 더욱 많습니다. 아마도 관련 협회나 기관에서 드리는 예배 정도를 그나마 찾아볼 수 있을 것입니다. 당사자들은 여전히 고통스럽고 영혼 깊숙이 상처가 배어 있는데 말이죠. 하나님을 원망할 수도 있을 것이며, 교회에서조차도 속 시원하게 털어놓을 수 없는 상황으로 인하여 신앙적인 갈등에서 오랫동안 헤어 나오지 못하기도 합니다. 예배를 드리지만 경건하고 예의 바르고 점잖은 기도와 찬양이 가득한 공간으로 여기는 대다수의 예배를 통하여 하나님께 마음껏 자신의 감정을 드러내고 토로하지 못하며 해결 받고자 하는 갈망은 감출 수밖에 없는 경우가 많습니다.

따라서 메타버스가 치유와 돌봄을 위한 예배를 드리는 중요한 장소가 될 수 있다고 봅니다. 비록 아바타라는 대리의 모습으로 예배를 드리지만, 유사한 처지에 있는 다양한 이들의 아바타와 함께 감정과 생각을 마음껏 토로하고 하나님의 은혜를 구하며 맛보고 경험하게 되는 거죠. 이때 메타버스 치유예배 참여자는 타인의 위로의 대상으로서 수동적으로 예배에 참여하는 것이 아니라, 자신을 타인과 하나님 앞에 내어드리는 적극적인 참여자가 됩니다.

예배의 시작부터 마침까지 상처받은 이들이 스스로 예배의 순서를 마련할 수 있습니다. 반드시 사역자가 사회를 보거나 설교를 할 필요도 없을 것입니다. 찬송, 기도, 말씀, 설교 등 모든 순서를 상처받은 이나 그들의 가족이 맡을 수 있습니다. 누구나 모든 순서의 주체가 되어 적극적인 참여자가 될 수 있고, 사역자는 보조나 자문의 역할만으로도 충분할지 모릅니다. 한편, 메타버스 치유 예배는 반드시 같은 교회 교인끼리 드릴 필요는 없습니다. 만일 자살 유가족을 위한 예배를 드린다면 개 교회나 자살의 생존자나 유가족 혹은 관련 사역 단체에서 메타버스 예배 플랫폼을 만들고 누구나 자유롭게 참여할 수 있도록 예배의 문을 개방하면 됩니다. 메타버스 예배는 시공을 초월하며 물리적 공간이 아닌 디지털 공간에서 드리기에 특정한 예배 목적에 맞는 이들이 들어와 정기적으로 예배를 드리는 것도 가능할 것으로 생각합니다.

끝으로, 목회적 돌봄과 치유의 역할로서의 메타버스 예배의 유용성을 말할 때 과연 그러한 모임 혹은 예배가 진정한 기독교 공동체이며 예배의 본래적 정신에 부합되는가라는 질문을 던질 수 있을 것입니다. 물론 마땅히 던져야 할 질문이지요. 메타버스 예배가 가지는 장점에도 불구하고 메타버스 모임이나 예배가 삶의 실존이 펼쳐지는 현장에서 만나는 모임과 예배를 완전히 대체할 수는 없을 것입니다. 그렇게 되어서도 안 되고요. 메타버스 예배에서 자신을 대신하는 아바타는 예배자의 뜨거운 눈물을 있는 그대로 흘릴 수 없으며, 치유를 통한 기쁨의 환희로 가득한 얼굴과 감성을 정확히 표현할 수 없기 때문입니다. 다만, 교회에서 자칫하면 소외될 수 있는 이들을 품을 수 있는 교제와 예배의 공간으로써 메타버스는 유익한 통로가 될 수 있으리라고 봅니다.

소그룹 나누기 활동

❶ 질문에 대한 대답을 읽고 배우고 느낀 점을 함께 나누어 보세요. 이해가 안 되거나 궁금한 것이 있으면 서로 도와주세요.

❷ 만일, 현재 섬기는 교회에서 치유와 돌봄을 위한 메타버스 예배를 실행하는 데 가장 어려운 점은 무엇인가요?

❸ 함께 기도 제목을 나누며 기도합시다.

교회에서 청소년 사역을
하고 있습니다.

아무래도 메타버스를
주로 이용하는 연령층이
중고등부 학생들이나
대학 청년부 같은데,

이들을 위한
목회적 돌봄이나 상담 **사역에**
메타버스를 어떻게
활용할 수 있을까요?

Q.26 교회 사역에서 메타버스를
어떻게 활용할 수 있을까?

교회에서 활용할 수 있는 메타버스의 유용성 가운데 하나
는 바로 청소년들을 위한 현장 상담의 보완의 장이 될 수
있다는 것입니다. 주일에는 예배드리며 성경공부하고 각
종 행사를 하느라고 사역자나 학생들도 바쁩니다. 때로는
교회에 나오지 않는 경우도 있고요. 이런저런 이유로 주일
날 학생들이나 청년들과 충분한 대화를 나누기가 매우 힘
듭니다. 이런 상황에서 메타버스는 학생들과 대화하고 상
담하는데 효과적인 도구가 됩니다.

지금도 많은 사역자들이 페이스북이나 인스타그램 또
는 유튜브를 통해서 학생들과 의사소통하곤 합니다. 그러

인공지능시대, 그리스도인이 꼭 알아야 할 28가지 질문

나 온라인에 남긴 글이나 사진 혹은 유튜브 등에 그치지 않고, 메타버스라는 디지털 세계에서 상대방의 아바타와 그의 행동을 관찰하고 아바타를 사용하여 함께 만날 수 있는 것은 사역자에게는 큰 도움이 됩니다. 상대방의 마음이나 감정 표현이나 탐색은 메타버스의 샌드박스(sandbox) 기능으로 할 수 있습니다. 샌드박스 기능의 극대화를 통해서 이용자는 성별, 얼굴, 헤어스타일, 의상, 얼굴 표정 등 다양하게 자신을 표현할 수 있도록 하는데, 이를 통하여 자신의 생각, 감정, 정체성 등을 직간접적으로 드러내거든요. 담당 교역자와 학생 사이의 다음의 대화가 가능할 겁니다.

사역자: 메타버스에서 주로 어떤 아바타를 사용하니?
학 생: 자주 바꾸는 편이에요…. 이것저것….

사역자: 지난번에 메타버스에서 만났을 때는 좀 화가 난 듯한 아바타를 만들었던 것 같은데?
학 생: 네, 상황에 따라 좀 바뀌는데 그날은 안 좋은 일이 있었고… 기분도….

사역자: 기분이 좀 안 좋았구나. 그래서 쇼핑몰에도 자주 방문했던 거고, 교회도 오지 않은 거구나.

학 생: 네, 그날 제가, 아니 제 아바타가 유난히 쇼핑을 많이 했잖아

요. 음악도 좀 시끄러운 카페도 갔었구요. 교회도…

위의 대화는 사역자가 메타버스에서 학생을 만난 후에, 실제 현실에서 발생 가능한 가상 대화입니다. 사역자는 실제와 유사한 메타버스 환경에서 학생을 만나 관찰할 수 있으며, 그를 보다 친밀하게 이해하고 상담하는데 매우 유용한 도구가 될 수 있음을 보여줍니다. 사역자는 지속적으로 학생의 메타버스에서의 활동을 눈여겨봄으로써 그의 마음과 감정 등을 보다 다양한 측면에서 탐색할 수 있으며, 이러한 메타버스에서의 탐색은 현실에서 만났을 때 중요한 대화의 도구로 활용될 수 있을 것입니다.

병원 입원, 군 입대, 해외 근무, 신앙적 문제 등으로 교회 공동체와 떨어져 있어서 목회자나 교사의 도움을 받기 어려울 경우에 메타버스는 현장 돌봄 및 상담과 유사한 효과를 거둘 수 있을 것으로 생각합니다. 또한 평소에 사역자와 학생 사이의 친밀한 협력과 신뢰 관계가 형성되지 못했을 경우에는 공감과 경청이 이루어지기 힘든 법인데, 메타버스를 활용하면 학생이 좀 더 편하게 사역자를 만날 수 있는 기회가 됩니다. 실제 교회에서 자기의 속마음과 감정을 표현하기 어려워하는 학생도 메타버스에서는 아바타를 통해서 의사소통하기에 편하게 자기 생각과 행동을 드러내고 의사소통할 수 있기 때문입니다.

한편, 메타버스에서 만나는 사역자와의 친밀한 관계는 디지털 공간에서만 그치지 않을 가능성이 높겠죠. 아무래도 이미 메타버스에서 관계를 형성해 놓았기에, 실제 교회에서 만나게 되면 학생은 보다 자유롭고 솔직하게 자기를 표현할 수 있지 않을까요? 이런 점에서 교회학교 사역자와 교사들에게 메타버스는 적지 않은 도움을 줄 수 있으며 적절하게 활용하는 것도 좋으리라고 생각합니다.

소그룹 나누기 활동

❶ 질문에 대한 대답을 읽고 배우고 느낀 점을 함께 나누어 보세요. 이해가 안 되거나 궁금한 것이 있으면 서로 도와주세요.

❷ 저자는 메타버스가 교회학교 사역자와 교사들에게 적지 않은 도움을 줄 수 있다고 했는데, 저자가 말한 것 이외에 어떤 유용성이 있다고 생각하나요?

❸ 함께 기도 제목을 나누며 기도합시다.

Q. 27

교회에서 메타버스를
적절하게 활용하면

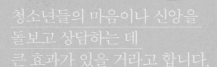

청소년들의 마음이나 신앙을
돌보고 상담하는 데
큰 효과가 있을 거라고 합니다.

이렇게 **메타버스를 통해서**
사역자가 돌봄과 상담의 기능을
할 수 있다면,

교회는
어떤 역할을 하고 있는 것이라고
이해하면 되나요?

이에 대해서
좀 더 알고 싶습니다.

Q.27 교회는 메타버스를 통해 어떤 역할을 할 수 있을까?

현실에서 상처받은 이들이 메타버스에서 치유와 회복의 경험을 해서 현실 세계에서 힘을 내어 다시 살아가도록 도울수 있습니다. 이런 경우에 메타버스는 디지털 세상과 현실세계의 중간 지역 역할을 한다고 볼 수 있겠지요. 도널드위니캇(Donald Winnicot)이라는 영국의 정신분석학자가 있습니다. 그의 이론이 위에서 이야기한 메타버스의 중간 지역으로서의 역할을 좀 더 효과적으로 이해하는 데 도움이 될것 같습니다.

위니캇에 따르면 아기는 자기를 향한 엄마의 헌신적인돌봄 속에서 엄마가 자기의 완전한 통제 속에 있다고 여긴다고 합니다. 그러나 시간이 지날수록 엄마는 아기의 모든 욕구를 다 충족시켜 줄 수 없게 되며, 아기는 이러한 사실을 알게 됩니다. 그 순간, 아기는 엄마와의 관계를 파괴적으로 만들어가며 자기의 내적 욕구를 충족시켜주지 못하는 현실을 벗어나려 하기보다, 자기의 내적 욕구와 외부 현실을 이어주는 연결 장치를 마련한다고 합니다. 위니캇은 그러한 교량 역할을 하는 것을 중간대상이라고 부릅니다. 위니캇의 중간대상 개념은 메타버스와 메타버스를 이용하는 사람의 마음 상태를 이해하고 마음의 안정감을 형성하도록 하는데 유용합니다. 즉, 메타버스가 한 사람의 내적 상태와 현실 세계를 이어주는 중간영역으로서 인간의 건강한 자기와 관계성 회복에 긍정적인 영향을 미칠 수 있다고 생각합니다.

좌절과 상처와 절망을 경험한 사람들에게 실제 현실은 어떤 곳일까요? 그들은 현실을 너무나 냉혹하고 두려운 곳이라고 여기기 쉽습니다. 또한 두려움과 절망감이 너무 심해서 자기 자신을 잃어버리는 경우도 많이 있습니다. 예를 들면, 왕따와 학교 폭력으로 시달린 이들에게 학교라는 장소는 더 이상 안전하고 편안한 곳이 아니겠죠. 가정에서 부모에게 폭력과 시달림을 받았던 아이에게 가정은 하나님의

255

Part 5 · 인공지능, 메타버스, 그리고 교회 사역

사랑과 은혜를 경험하는 곳이 아니라, 자신의 인생을 망가뜨린 곳으로 기억될 수도 있지 않겠습니까?

폭력의 희생자들은 자주 스스로를 파괴하고 다른 사람들과의 관계도 잃어버린 채 자기만의 공간을 만들기도 합니다. 그리고 현실에 대한 증오와 한탄 속에서 세상에서 다시 살아갈 수 있는 희망과 용기를 되찾는 것은 불가능하다고 여길지도 모릅니다. 이런 이들에게 위니캇의 중간대상은 현실을 직면하는데 방해물로 작용하는 것이 아니라, 다시 세상 바깥으로 나갈 수 있게 용기를 갖고 살도록 돕는 창조적 수단이 될 수 있습니다.

한편, 메타버스가 현실을 직면하고 현실 세계로 나가도록 돕는 긍정적인 중간대상으로서의 역할을 할 수 있는 것은 앞에서도 말한 바 있는 아바타라고 하는 메타버스가 가진 독특한 특성 때문입니다. 메타버스 이용자는 익명성이 보장되는 자기의 아바타를 가지고 현실 세계에서 가 보지 못한 곳을 방문할 수 있으며, 같은 아픈 경험과 이야기를 가진 사람들을 만나고 자기 안에 감추어진 이야기들을 나눌 수 있습니다. 더 나아가 직접 자신만의 긍정적인 공간을 만들며 새로운 용기를 낼 수도 있을 것입니다.

인공지능시대, 그리스도인이 꼭 알아야 할 28가지 질문

현실 세계에서는 다른 사람들의 시선 때문에 할 수 없었던 일들을 메타버스 세상에서는 할 수 있습니다. 중간대상인 메타버스에서 만나고 나눈 경험들을 통하여 자기 자신의 정체성을 발견하게 되고, 현실 세계로 나갈 수 있는 자신감을 회복할 수 있을 것입니다. 실제로 메타버스와 자아정체성에 관한 여러 연구 결과에 따르면, 메타버스 이용자들은 메타버스라는 가상공간에 현실의 삶을 투영하며 현실과 또 다른 삶의 모습을 만들어 간다고 합니다.

이런 맥락에서 볼 때, 메타버스에서 교회는 신앙적이고 영적인 중간대상으로서 적지 않은 역할과 기능을 할 수 있을 겁니다. 앞 질문에서도 말했듯이 메타버스가 상처받고 절망하는 이들을 위한 치유 예배의 장이 되고, 교인들을 상담하는 돌봄과 상담과 훈련 과정에 활용할 수 있습니다. 또한 교회는 메타버스에서의 긍정적인 경험을 통하여 교인들로 하여금 기독교 신앙 안에서 창조와 용기를 얻어 상처받은 세상 속으로 다시 들어갈 수 있도록 도울 수 있겠죠.

이러한 메타버스를 통한 교회의 역할을 위니캇의 다른 개념을 사용하여 표현하자면, 안아주기와 같은 역할로 이해할 수 있습니다. 위니캇은 아기가 자기 자신을 경험하도록 하는 기초 과정으로 엄마의 '안아주기' 기능을 강조하거든요. 즉, 엄마의 안아주기를 통하여 아기의 자아는 건강하게 발달되어 통합적인 자기를 형성하게 됩니다. 이러한 안아주기의 기능은 비단 유아기뿐만이 아니라, 청소년과 성인의 시기에서도 혼란이나 긴장이 있을 때면 언제든지 필요합니다. 위니캇은 엄마의 아기에 대한 신체적인 접촉으로서의 안아주기를 언급하고 있지만 안아주기는 비단 신체적인 접촉 그 이상의 가치를 지닙니다.

가정, 학교, 직장, 심지어 교회 등 실제 세계에서 관계를 맺는 모든 상황에서 상처받고 소외당하고 지친 이들이 메타버스에서 자신의 분신과도 같은 아바타를 통하여 같은 형편의 개인과 그룹에서 심리적, 관계적, 영적인 안아주기를 경험할 수 있을 겁니다. 따라서 교회는 힘들어하고 방황하는 아이들을 위하여 중간대상인 메타버스 공간을 기독교 신앙으로 안아주는 환경으로 만들어 줄 필요가 있다고 생각합니다. 비록 사이버 공간이기는 하지만 디지털 세계를 여기저기 떠돌아다니는 한 영혼 한 영혼에 대한 진지하고 따뜻한 관심과 공감과 경청이 필요한 시대에 우리 교회는 서 있습니다.

소그룹 나누기 활동

❶ 질문에 대한 대답을 읽고 배우고 느낀 점을 함께 나누어 보세요. 이해가 안 되거나 궁금한 것이 있으면 서로 도와주세요.

❷ 저자는 교회가 메타버스 공간을 상처받고 방황하는 이들을 위한 '안아주는' 공간으로 활용할 필요가 있다고 말합니다. 이에 대한 각자의 생각과 경험을 나누어 보세요.

❸ 함께 기도 제목을 나누며 기도합시다.

Q. 28

교회에서
메타버스가 유용하게
활용될 수도 있다는 것을
알게 되었고,

실제로 교회에서 적용하면
좋겠다는 생각을 해 보게 됩니다.

반면에, 교회가
메타버스를 무작정 환영할 수만은
없다는 생각도 듭니다.

자칫 가상 현실에 빠져
현실 세계와 이를 구분하지
못할 우려도 있다고 하는데

**교회나 기독교는
메타버스를 활용할 때
어떤 것들을 조심해야 할까요?**

Q.28 교회는 메타버스를 활용할 때
어떤 것들을 조심해야 할까?

앞의 질문들에서 현실 세계에서 상처받고 고통당하는 이들이 메타버스라는 디지털 환경에서 드려지는 예배와 그곳에서 만나는 이들과의 관계적, 신앙적, 영적인 교제를 통하여 치유 받고 새로운 삶의 희망과 용기를 가질 수 있다는 점에 대해서 살펴보았습니다. 반면에 메타버스가 미치는 부정적인 영향 또한 지적하지 않을 수 없습니다. 메타버스의 익명성을 활용한 치유 예배, 중간대상으로서의 메타버스, 그리고 상담 보완 역할로써의 메타버스 등의 유용성은 메타버스 공간에서만 머무른다면 그 장점은 그다지 큰 효력이 없을 것입니다. 왜냐하면 상처와 고통과 절망을 가지고 살아

인공지능시대, 그리스도인이 꼭 알아야 할 28가지 질문

가야 하는 것은 어디까지나 현실 세계이기 때문입니다.

따라서 디지털 공간에서 현실 세계로 돌아왔을 때 여전히 고통과 상처가 있다 하더라도 현실을 끝까지 살아가는 것이 중요합니다. 만일, 현실에서의 삶을 외면하고 메타버스 공간에서의 자유로운 활동과 관계에만 탐닉한다면, 그것은 스스로를 더욱 자기 안에 가두어두는 것이며, 현실과는 상관없는 가상세계에 대한 디지털 중독 현상에 더욱 깊이 빠져들게 할 뿐입니다. 더 나아가, 현실과 디지털 세상을 혼동하는 현상까지 발생할 가능성이 있습니다. 마치 시간과 공간의 제약을 받는 실제 현실 세계에서의 자기는 거짓 자기가 되고, 시공을 초월하여 아바타의 모습으로 다른 아바타를 만나고, 디지털 쇼핑을 하며, 아바타 공연을 듣고, 연주까지 하고, 멋진 바리스타가 될 수 있는 디지털 자기를 진짜 자기로 인식하는 거죠.

만일 디지털 공간에서의 자기를 실제 자기로 인식한다거나 혹은 실제 자기의 일부로 받아들인다면 정작 진짜 현실을 받아들이지 않을 가능성이 매우 큽니다. 결국 현실에서 부딪히는 고난과 고통을 계속해서 외면하게 될 것입니다. 그러나 희망은 현실의 고통과 고난을 회피하기보다 인정하고 직면할 때 비로소 의미를 가지는 것입니다. 기독교에서 말하는 희망 역시 이와 크게 다르지 않습니다. 예수님의 십자가 고난과 죽으심이 있기에 그를 믿는 이들에게 영원한 희망이 주어진 것입니다. 목회상담학자인 앤드류 레스터(Andrew Lester)는 기독교는 십자가를 통하여 고난이 인간 조건의 실재임을 확신하게 된다고 말한 바 있습니다. 예수님께서는 당장 코앞에 닥친 십자가의 고난을 회피하지 않으셨습니다.

> 내 아버지여 만일 할 만하시거든 이 잔을 내게서 지나가게 하옵소서 그러나 나의 원대로 마시옵고 아버지의 원대로 하옵소서 하시고 _ 마 26:39

메타버스의 부작용은 바로 진짜 현실 세계를 무시하고 디지털 세상에서 자기와 삶의 의미를 찾으려 한다는 위험이 도사리고 있는 겁니다. 메타버스는 현재의 고난을 초월하고 제거해 주는 전지전능한 디지털 공간이 아니며, 그렇게 될 수도 없습니다. 다른 말로 하면, 메타버스는 실재 현실 세계에 대한 보완 역할로 활용할 때 그 가치가 있다는 것을 잊지 말아야 합니다.

인공지능시대, 그리스도인이 꼭 알아야 할 28가지 질문

메타버스가 상처와 고통 속에서 회복과 치유의 기능을 할 수 있다는 긍정적인 면이 분명히 있지만, 메타버스 안에서 아바타를 통한 거짓된 자신감은 현실로 돌아왔을 때 우리들에게 더욱 더 절망을 느끼도록 만들 수도 있다는 함정이 여전히 있다는 것입니다. 즉, 메타버스에서의 경험이 충분히 그리고 적절하게 조절되고 통제되지 않으면 실제로 숨을 쉬고, 음식을 먹으며, 잠을 자고, 사람들을 만나며, 경제 활동을 해야만 하는 실재적인 현실의 불만족스러운 상황 속에서 헤어 나오기 어렵게 되는 것입니다.

비현실적인 환상에 의존한 희망은 거짓된 희망이며 희망의 위조품에 불과할 뿐입니다. 따라서 메타버스를 통하여 높아진 자기의 가치감이나 자존감 혹은 대인관계 만족도가 현실 세계에서 건강하게 작동하지 않는다면, 메타버스 경험은 실재와는 거의 관계가 없는 단지 디지털 공간에서 자기 욕구를 충족시켜주는 수단으로만 그치게 되는 것입니다.

그렇게 될 때 메타버스는 환상을 자극할 뿐이며 건강하지 못한 중간대상으로 전락하게 되는 것입니다. 결국 메타버스 이용자는 잘못된 자신감과 사이버 공간에서 위조된 희망에 도취되기 쉽습니다. 따라서 메타버스를 빠져나와 현실로 돌아오면 현실의 불만족스러운 조건들이 이전보다 더 불만족스럽게 느껴지며, 결국에는 자신이 살아가야만 하는 실재 삶의 자리를 거부하게 될 가능성이 매우 큽니다.

마지막으로, 시공을 초월한 무한한 공간인 디지털 공간에서 다양한 가상 인격을 가진 여러 아바타를 통하여 발견되는 인간의 자기다움과 가치와 삶의 의미가 인간에게 궁극적인 희망이 될 수 있는가에 대하여 깊이 성찰할 필요가 있습니다. 이 책에서 계속 말하고 있지만, 인공지능으로 대표되는 4차 산업혁명의 궁극적인 목표는 인간이 가진 실존적인 한계의 극복과 초월입니다. 즉, 시간과 공간이라는 제한, 인간 지능과 신체 기능의 한계, 그리고 죽음이라는 숙명적인 인간 조건 등을 과학과 의료기술을 통하여 극복하고자 하는 것입니다.

그러나 절망과 고통 속에서 진정한 치유를 향한 희망은 인간의 유한함을 극복하는 데서 오지 않습니다. 현실의 절망과 고통을 외면하고 디지털 공간과 인공지능에서 그 해답을 찾으려는 노력은 우리를 더욱 공허하게 만들 뿐임을 기억해야 합니다. 이것은 앞으로 더욱 거세게 도래할 수 있는 인공지능과 메타버스 시대에 교회가 신앙적, 신학적으로 반드시 붙들어야만 하는 명제입니다.

앤드류 레스터는 현실 세계에서의 희망은 인간의 유한성 그 자체를 초월함으로써 해결할 수 있는 것이 아니라고 말합니다. 우리의 희망은 인간의 유한성을 초월하는 궁극적인 희망, 즉 하나님 안에서만 발견할 수 있음을 우리 교회는 여전히 굳게 믿고 견고하게 붙들고 나아가야만 합니다.

> 유한한 희망을 잃어버린다 해도 절망하게 되지는 않는다.
> 그것은 궁극적인 희망이 열려 있기 때문이다.
> _ 앤드류 레스터,《희망의 목회상담》

소그룹 나누기 활동

❶ 질문에 대한 대답을 읽고 배우고 느낀 점을 함께 나누어 보세요. 이해가 안 되거나 궁금한 것이 있으면 서로 도와주세요.

❷ 저자는, "현실의 절망과 고통을 외면하고 디지털 공간과 인공지능에서 그 해답을 찾으려는 노력은 우리를 더욱 공허하게 만들 뿐입니다"라고 말합니다. 이에 대한 각자의 생각과 경험을 나누어 보세요.

❸ 함께 기도 제목을 나누며 기도합시다.

인공지능시대, 인간의 희망은 어디에서 오는가?

그리스도인이라면 인공지능에 대하여 꼭 알아야 할 28가지 질문을 기독교적인 인간관과 세계관을 가지고 살펴보았습니다. 물론 이보다 훨씬 더 많은 질문들이 있을 수 있지만, 질문의 개수에 관계없이 이러한 논의에 있어서 핵심은 인공지능을 중심으로 한 4차 산업혁명의 과학과 기술들이 하나님의 영역에 심각하게 도전해 오고 있다는 것입니다.

인공지능은 단지 인간의 삶과 사회와 문화 그리고 경제 발전에 이로운 차원에만 머물지 않습니다. 인공지능은 테크놀로지의 총아임과 동시에 종교의 모습으로 우리에게 다가오고 있는 것입니다. 즉, 인간이 자신을 닮은 형상과 인간을 뛰어넘은 지능을 가진 기계를 창조하고, 그 기계를 통하여 궁극적으로 인간의 유한성과 죽음을 초월하려는 욕망은 창세기에 나오는 하나님과 같이 되고 싶은 인간의 원초적 죄와 크게 다를 바가 없습니다.

이런 맥락에서 종교는 영적인 것이고, 테크놀로지는 물질적이고 기계적이라는 전통적인 이분법적인 사고방식은 인공지능과 초지능 시대에는 더 이상 적용되지 않습니다. 인공지능을 비롯한 테크놀로지의 발달에 대해서 그저 과학이나 문화적인 현상으로 치부하기보다, 교회는 그러한 발달이 인간에게 가져올 긍정적이고 부정적인 기능과 영향에 대해서 비판적으로 탐색해야 합니다. 이 책은 저자의 그러한 바람이 담겨져 있습니다.

자신의 형상을 따라 인간을 창조하신 하나님을 떠나서 자신의 형상을 닮은 인공지능 로봇을 통하여 행복과 번영과 불멸성을 이루고자 하는 뒤틀린 욕망과 바벨탑 속에 묻어있는 인간의 죄성을 여전히 떨쳐버리지 못하고 있는 인간을 위한 진정한 치유의 길은 고통과 인간의 유한성을 인정하고 수용하여 진정한 존재이신 하나님의 창조의 섭리에 순응하는 것이라고 믿습니다.

인공지능을 등에 업은 트랜스휴머니즘적인 인간 이해는 성경적인 인간 이해에 정면으로 어긋납니다. 인간이 하나님의 형상을 따라 창조되었다는 것은 단지 외면적인 모습만을 말하는 것은 아닐 겁니다. 인간의 내면에 하나님의 속성이 들어 있다는 것이며, 하나님을 떠난 인간은 절대로 만족하거나 행복할 수 없으며 하나님의 인도하심을 받을 때에만이 인간은 진정한 삶의 의미와 가치를 발견할 수 있다는 것을 의미합니다. 이 말은 곧 인간에게 있어서 궁극적인 희망은 다름 아닌 창조주 하나님으로부터 나온다는 것을 뜻합니다.

이렇게 볼 때 하나님께서 자신을 닮은 인간을 창조하셨듯이 인간이 자신을 닮은, 그러나 자신을 능가할 수도 있는 기계의 도움을 받아 온갖 질병과 정신병에서 해방되어 급기야 죽음이라는 유한한 인간 조건까지도 바꾸려고 하는 것은 인간의 오만이라는 사실을 다시 한번 강조하고 싶습니다. 세속적인 현대 과학과 문화는 하나님을 부인하는 것을 뛰어넘어 하나님에 대한 도전이자, 인간 스스로 신이 되고자 이 땅 위에서 기계들이 거니는 에덴동산을 만들려고 하는 것과 다름 아닙니다.

마지막으로, 인간의 희망에 대해서 잠깐 말씀드리고 마치려고 합니다. 온갖 바이러스로 인한 질병, 기아, 심각한 기후 변화, 환경오염 등으로 인하여 오늘을 살아가는 사람들은 미래에 대한 두려움을 느끼고 있는 것 같습니다. 인류가 생존해야 할 미래의 모습은 희망보다는 절망에 더 가깝다고 보고 있는 것입니다. 그리고 그러한 두려움을 현대 과학과 기술이 해결해 주기를 기대하고 있습니다.

강한 인공지능 주창자들과 트랜스휴머니스트들은 유한한 인간 조건을 초월하기 위해서 과학과 기술에 올인하고 있지만, 교회와 그리스도인들은 창조주이자 구원자이신 하나님께 기초를 둔 초월적 희망을 소유하고 있습니다. 이것을 꼭 오랫동안 기억하고 붙들고 있어야 합니다. 비록 우리가 지니고 있는 유한한 인간 조건들이 재난과 질병, 역경과 노화와 죽음을 가져오지만, 그럼에도 불구하고 우리는 그러한 것들을 기계의 힘을 빌려 완전히 제거하려고 하지 않습니다. 왜냐하면 인간의 유한함 속에서 하나님의 초월적 희망이 드러나기 때문입니다. 저는 이러한 희망을 '역설적' 희망이라고 부릅니다. 성경 안에서 역설적 희망을 잘 보여주는 대표적인 인물로는 바울과 욥을 들 수 있습니다.

> 나는 비천에 처할 줄도 알고 풍부에 처할 줄도 알아 모든 일 곧 배부름과 배고픔과 풍부와 궁핍에도 처할 줄 아는 일체의 비결을 배웠노라 내게 능력 주시는 자 안에서 내가 모든 것을 할 수 있느니라 _ 빌 4:12-13

> 그러나 내가 가는 길을 그가 아시나니 그가 나를 단련하신 후에는 내가 순금같이 되어 나오리라 _ 욥 23:10

역설적 희망 안에서 죽음은 생명과 절망은 희망과 고통은 치유와 인간의 한계는 인간의 가능성과 과거는 미래와 서로 분리되지 않습니다.

제어할 수 없는 인공지능시대의 도래와 트랜스휴머니즘의 도전 속에서 한국 교회는 기독교적인 인간 이해와 미래에 대한 희망을 신학적으로 건강하고 성경에 기초를 두면서 재정립해 나가야 합니다. 생로병사로 대변되는 인간의 존재론적 유한성이 왜 우리에게 저주가 아닌 축복인지, 살아가는 과정 속에서 부딪히는 고난과 역경과 고통과 불행을 단순히 삭제하기보다, 그러한 경험들에 직면하여 의미를 다시 만들어가는 과정이 왜 인간을 인간답게 만들어 주는지에 대한 올바른 기독교적인 인식을 분명히 해야 하리라 믿습니다.

궁극적으로는 하나님의 뜻과 계획을 우리 각자의 삶과 교회를 통하여 발견하고 구체적으로 실현시켜 나가는 것만이 유한한 인간이 영원한 생명을 얻는 유일한 길임을 선포함으로써 기독교신학과 교회의 정체성을 공고히 다져야 합니다. 이것이 인공지능 시대의 교회의 사명이자 교회가 세상 속에서 존재하는 이유일 것입니다.

하나님은 친히 그들과 함께 계셔서 모든 눈물을 그 눈에서 닦아 주시니 다시는 사망이 없고 애통하는 것이나 곡하는 것이나 아픈 것이 다시 있지 아니하리니 처음 것들이 다 지나갔음이러라 보좌에 앉으신 이가 이르시되 보라 내가 만물을 새롭게 하노라 하시고 또 이르시되 이 말은 신실하고 참되니 기록하라 하시고 _ 계 21:3-5